GOTT HAT MIT MIR ETWAS VORGEHABT!
ERINNERUNGEN EINER DEUTSCHEN SINTEZA

Editorische Anmerkung

Der Text des vorliegenden Buches basiert auf einem lebensgeschichtlichen Interview in Mannheim am 10. Juli 2018 (verfügbar unter: www.sprechentrotzallem.de), einem Zeitzeugengespräch in Berlin am 4. April 2019 (abrufbar unter: https://www.youtube.com/watch?v=1g9U_C33muo) sowie zahlreichen weiteren Gesprächen Zilli Schmidts mit den Herausgebern. Er wurde von Zilli Schmidt autorisiert.

Interviews und Gespräche: Hamze Bytyçi, Maria Renate Franz, Jana Mechelhoff-Herezi, Uwe Neumärker, Veronika Patoková
Transkriptionen: Anne Drees, Merle Stöver, Khazar Varnosi

Die Herausgeber danken den Obengenannten für ihre Unterstützung – und darüber hinaus: Dr. Ulrich Baumann, Eva Brücker, Gustav Jani Franz, Romeo Franz, Sarah Friedrich, Prof. Dr. Heiko Haumann, Kristóf Horváth, Barbara Hoven, Damian Le Bas, Markus Pape, Claudia Roth, Caspar Schleicher, Carol Schuler, Sabin Tambrea, Marianne Tyras.

Die Stiftung Denkmal für die ermordeten Juden Europas wird aufgrund eines Beschlusses des Deutschen Bundestages institutionell gefördert durch

 | Die Beauftragte der Bundesregierung
für Kultur und Medien

Impressum

Herausgegeben von Jana Mechelhoff-Herezi und Uwe Neumärker
Stiftung Denkmal für die ermordeten Juden Europas

1. Auflage 2020
V. i. S. d. P. / Redaktion: Uwe Neumärker
Korrektorat: Sarah Friedrich, Barbara Hoven
Umschlagabbildung: Mannheim, 1950er Jahre:
Zilli in ihrem Kaninchenpelz © Zilli Schmidt
Satz, Gestaltung und Lithographie:
buschfeld.com – graphic and interface design, Berlin
Druck und Bindung: MKL Druck GmbH & Co. KG, Ostbevern

Sämtliche Ergebnisse bzw. Informationen
beziehen sich auf den Stand vom 30. Januar 2020.
Alle Rechte vorbehalten.

ISBN: 978-3-942240-36-9

Die Deutsche Nationalbibliothek verzeichnet diese Publikation in der Deutschen Nationalbibliografie. Detaillierte bibliografische Daten sind im Internet über http://dnb.ddb.de abrufbar.

www.stiftung-denkmal.de

Zilli Schmidt

GOTT HAT MIT MIR ETWAS VORGEHABT!
ERINNERUNGEN EINER DEUTSCHEN SINTEZA

Stiftung Denkmal für die ermordeten Juden Europas
Herausgegeben von Jana Mechelhoff-Herezi und Uwe Neumärker

Stiftung
Denkmal für die
ermordeten Juden
Europas

INHALT

VORWORT – Bundestagsvizepräsidentin Claudia Roth 6
PROLOG 8

»WIR WAREN EINE GLÜCKLICHE FAMILIE«
Familie und Kindheit 9
Mein Vater 9
Wanderkino 10
Geigenhandel 11
Meine Mutter 12
Hausieren 13
Unser Wohnwagen 15
Zilli und Hesso – die Nesthäkchen 17
Schule 19

»DIE BRINGEN DOCH NUR DIE VERBRECHER WEG«
Ingolstadt 22
Eger 23
Gretel 24
Straßburg – erste Verhaftung 26
Lety 29
Flucht I 30

AUSCHWITZ
Ankommen 33
Meine Familie im »Zigeunerlager« 34
Stifto 35
»Ich habe geklaut wie ein Rabe« 37
In der Küche 38
Kanada 40
Mein kleiner Bruder lebt noch! 43
»Ich muss meine Geschichte erzählen, auch die Sachen, die nicht schön sind« 45
Hilfe in Auschwitz 47
Widerstand 51
Quarantänelager 52
2. August 1944 52
»Mama, da hinten werden wieder die Menschen verbrannt!« 54

NACHDENKEN	56
KRIEGSENDE	
Ravensbrück	58
Häftlinge	58
Flucht II	59
Bangen um die Familie	62
Wieder in Eger	63
NACH DEM KRIEG	
Ich wollte leben	66
Wiedergutmachung	66
Glaube I	67
Toni, mein Mann	69
In eine Wohnung ziehen	70
Den Führerschein machen	71
Campingplatz	72
Toni – Musiker und Respektsperson	74
Mit Toni leben	75
Mühlheim	77
JETZT	
Renate	80
Romanès oder Deutsch?	81
Traditionen	82
Lernen	84
Musik	84
»Ich bin stolz, eine Sinteza zu sein«	85
Die Nummer	86
»Ich habe Angst«	88
Glaube II	89
Spätes Sprechen	90
NACHWORT	95
Ortsnamenkonkordanz	111
Abbildungsnachweis	111
Abbildungen	112 – 173
Übersichtskarte	174 – 175

VORWORT

Es gibt sie, diese Begegnungen, die dauerhaft in Erinnerung bleiben, die sich einprägen, die prägen. Mein Zusammentreffen mit Zilli Schmidt gehört dazu. Diese offene und heitere Art; die mahnenden Worte in Zeiten, da Menschenfeinde zwar neue Gewänder tragen, aber Menschenfeinde bleiben; die Direktheit und der Mut, Missstände umso deutlicher anzusprechen; vor allem aber dieses Lachen, das mitten ins Herz trifft – all das ist Zilli Schmidt, die doch eigentlich allen Grund hätte, Groll zu verspüren und Anklage zu erheben nach allem, was sie und ihre Familie durchleiden mussten.

In einer Hölle namens Auschwitz, dem monströsesten Ort in einem ohnehin monströsen System, verlor Zilli Schmidt alles: ihre kleine Tochter, ihre Eltern, die Schwester mit ihren sechs Kindern, viele Verwandte. Wie tausende weitere Sinti und Roma wurden sie in der Nacht vom 2. August 1944 in den Gaskammern ermordet. Zilli Schmidt aber war kurz zuvor zur Zwangsarbeit nach Ravensbrück verschleppt worden, konnte später mit ihrer Cousine zum Onkel nach Berlin fliehen, tauchte unter – und überlebte. Sie überlebte eine Maschinerie, die jede Menschlichkeit auszulöschen in der Lage gewesen war. Sie überlebte das Schweigen der großen Mehrheit, die mittat oder zumindest wegsah. Sie überlebte.

Eines Tages dann entschied sie sich, über ihr Leben und die Gräuel zu sprechen, die ihr widerfahren waren. Dafür bin ich unendlich dankbar, ist das vermeintlich Selbstverständliche doch längst nicht mehr selbstverständlich. Über 20 Prozent der 18- bis 30-Jährigen in Deutschland können den Begriff *Auschwitz* nicht mehr zuordnen. Derweil sind *Jude* oder *Zigeuner* wieder Schimpfwörter auf unseren Schulhöfen. Selbst in den Parlamenten, den Herzkammern unserer lebendigen und wehrhaften Demokratie, ergreifen erneut Abgeordnete das Wort, die einen »Schlussstrich« ziehen wollen, wo es keinen geben kann; die den zentralen Ort des Gedenkens, das Holocaust-Mahnmal in Berlin, nicht aber das Geschehene als »Schande« bezeichnen; die wieder bestimmen wollen, wer dazugehört und wer nicht. Die bisweilen auch ganz gezielt Kampagne gegen Sinti und Roma machen.

Die Erinnerungen einer Zilli Schmidt wiegen da noch schwerer, hallen noch lauter nach, bedürfen noch größerer Verbreitung, als es ohnehin der Fall ist. Hören wir also sehr aufmerksam zu, immer und immer wieder.

Berlin, 4. April 2019: Claudia Roth empfängt Zilli Schmidt im Deutschen Bundestag.

Erinnern wir uns, nicht etwa der alleinigen Rückschau halber, sondern als Erinnern ins Heute und Morgen. Und werden wir unserer gemeinsamen Verantwortung gerecht: »dass Auschwitz nicht noch einmal sei«.

Die Intention der Nazis war das genaue Gegenteil. Sie wollten nicht nur den Menschen – ob Jüdin oder Jude, ob Sinteza oder Sinto, ob Romni oder Rom – vernichten, sondern jede Erinnerung. Aus *Z-1959* aber wurde erneut Zilli Schmidt. Und aus dem Versuch des Vergessens wurde unsere Pflicht der Erinnerung.

Umso ermutigender ist es da, dass mit dem vorliegenden Buch ein weiteres Zeugnis für die Nachwelt erhalten bleibt. Umso ermutigender ist es, dass Sie, liebe Leserinnen und Leser, mit dazu beitragen, historisches Wissen weiterzutragen und das kollektive Gedächtnis kontinuierlich zu erneuern. Umso ermutigender ist es, dass wir so viele sind, die wir uns all jenen, die das Vergessen einfordern, entgegenstellen.

Wir vergessen nicht. Denn Vergessen tötet.

Claudia Roth MdB
Vizepräsidentin des Deutschen Bundestages

PROLOG

Gott hat mit mir etwas vorgehabt ... Ich bin nicht umsonst noch hier. Ich bin uralt, 95. So alt wird kaum jemand. Erst recht nicht, wenn einer das hinter sich hat, was ich hinter mir habe. Ich war in vielen Gefängnissen, ich weiß nicht mehr, in wie vielen genau. Ich war in drei Lagern. Eins davon war Auschwitz. Birkenau. Das Lager, das eigentlich nur zum Töten da war. Eine Kugel, die meinen Kopf treffen sollte, ging mir am Ohr vorbei. Von einer Liste, wo ich zum Vergasen draufstand, wurde mein Name gestrichen. Nicht ein-, zweimal! Es passierten noch mehr solche Sachen. Nach dem Krieg war ich einige Male krank – so schlimm krank, dass ich leicht daran hätte sterben können. Alle, die ich kannte, von früher, sind tot. Die meisten schon lange. Aber ich lebe noch. Ich bin immer noch hier.

Ich hatte Gott bei mir, schon immer. Er hat mit mir etwas vorgehabt: Jemand muss sagen, was sie mit den Sinti gemacht haben, damals, die Nazis. Das wissen viele heute immer noch nicht. Aber unsere Menschen sollen nicht vergessen werden. Erst spät habe ich angefangen, darüber zu sprechen, das alles zu sagen, was ich durchgemacht habe. Das war nicht leicht. Es hat aber auch keiner gefragt. Ich war schon fast 90 Jahre alt, als ich anfing, darüber zu sprechen, zu Fremden. Und jetzt wird es immer mehr, dass sie es wissen wollen. Das ist gut. Ich habe einen Auftrag. Solange ich noch hier bin, erzähle ich meine Geschichte und vergesse es auch nicht. Ich vergesse es nicht und erzähle meine Geschichte, bis ich meine Augen zumache und bin bei meinem Herrn.

»WIR WAREN EINE GLÜCKLICHE FAMILIE«

FAMILIE UND KINDHEIT

Ich bin geboren am 10. Juli 1924 in Hinternah, in Thüringen. Das war ein schönes Land und ist es heute noch. Das war der Anfang von meinem Leben. Ich bin eine Sinteza. Dort, in Thüringen, waren wir in meinen ersten Jahren unterwegs. Da bin ich in die Schule gegangen. In Jena, in Halle und in Gera, in allen diesen Städten bin ich zur Schule gegangen.

Wir waren eine glückliche Familie: Meine Eltern führten eine gute, eine glückliche Ehe. Ich liebte sie beide über alles. Ich dachte immer, wenn sie sterben, dann sterbe ich auch. Mein Vater hieß Anton Reichmann. Er wurde 1882 in Ellwangen geboren. Alle nannten ihn bei seinem Sintinamen, *Jewero*. Meine Mutter Bertha, genannt *Batschka*, geborene Brandt, kam – soweit ich weiß – 1884 in Lötzen, Ostpreußen, zur Welt; ganz sicher weiß ich das nicht. Die Vorfahren meiner beiden Eltern kamen aber ursprünglich aus der Tschechei. Das älteste Kind in unserer Familie war mein großer Bruder Stefan, *Stifto*. Der kam 1907 zur Welt. Die nächste war meine älteste Schwester Esla. Sie lebte lange mit uns, die war wie eine zweite Mutter, hat spät geheiratet und hatte keine eigenen Kinder. Esla starb vor dem Krieg. Sie war krank. Nach Esla kam Hulda, geboren 1916. Die hieß für uns immer nur *Guki*. Das heißt Puppe. Weil sie schön war wie eine Puppe. Ja, das stimmt! Eine wunderschöne Puppe, das war sie, die Guki. Schließlich kamen noch wir beiden kleinen, erst ich, die Zilli, und zuletzt mein Bruder Otto, *Hesso*. Wir kamen 1924 und 1926 noch hinterher. Ein spätes Glück für meine Mutter, sie war schon weit über 40. Wir waren also fünf Kinder. Drei Schwestern waren wir und zwei Brüder. Meine Mutter hatte insgesamt mehr Kinder, aber die sind vor meiner Geburt schon gestorben. Wir haben ein glückliches, ein gutes Leben gehabt.

MEIN VATER

Jewero, der Sintiname meines Vaters, bedeutet *Hase* in unserer Sprache. Wo der Name herkam, weiß ich nicht. Den Namen bekommt man meist als Kind, wenn man noch klein ist, von den Eltern. Und manchmal sagen doch Eltern sowas »Ach du Häschen, mein Hase«. Und dann bleibt das, auch wenn es ein erwachsener Mann ist, und alle nennen ihn so.

Wenn wir in Bayern waren, hat mein Vater immer Trachtenanzüge getragen. Solche Trachtenanzüge aus Loden mit Hirschhornknöpfen und darunter ein gutes Hemd. Grau oder braun waren die. Und dazu einen Hut mit Gamsbart. Wenn wir woanders waren, trug er normale Anzüge. Mein Vater war nicht so dunkel. Zuletzt, vor dem Krieg, hatte er schon ganz weiße Haare, vorher schwarz. Er trug einen schmalen, kleinen Oberlippenbart, einen Sintobart, und war immer mit Hut. So ein kleiner schwarzer mit einer schmalen Krempe war das. In meiner Erinnerung war mein Vater groß und stämmig. Mein Vater war für mich sehr alt.

Aber er war sehr geschickt, er hat Wohnwagen selbst gebaut und sogar Öfen, solche Blechöfen. Mein Bruder und mein Schwager halfen ihm dabei, die konnten sowas auch. Das waren Auftragsarbeiten für andere Leute. Wenn sie einen Auftrag für einen Wohnwagen hatten, mieteten sie eine Scheune. So einen Wagen baust du nicht an einem Tag, das ging über Wochen, und drei Männer arbeiteten daran. Am Schluss, in Ingolstadt, hatte mein Vater oft Kopfschmerzen. Vielleicht kam das von den Sorgen. Er war nicht besonders streng, er war ein normaler Vater. Er hat uns gut erzogen. Wir haben eine heile Familie gehabt. Da war kein Streit oder Gehässigkeit. Das gab es bei uns nicht. Wir fühlten uns geborgen. Wenn was war, waren die Eltern für uns da.

WANDERKINO

Mein Vater war Schausteller, wir hatten ein Wandergewerbe und ein Kino – und in den ersten Jahren unter Hitler hatten wir noch Ruhe. Wir bekamen noch die Erlaubnis, mit unserem Wohnwagen einige Tage irgendwo zu stehen, und mein Vater hat Vorführungen gemacht, Kino in den Bauerndörfern. Dazu brauchte er einen Projektor, eine Leinwand und die Filme. Das waren Stummfilme, *Dick und Doof* und sowas. Wir hatten etliche Filme, die wir immer gezeigt haben. Und einen Saal brauchte man. Mein Vater mietete dazu den großen Saal des örtlichen Wirtshauses – und dann liefen wir draußen rum in dem Dorf und machten Werbung:»Bim, bim, bim, heute 19.00 Uhr, der und der Film, im Wirtshaus soundso.« Die Leute haben sich das dann auch gegenseitig weitergesagt und kamen abends, Jung und Alt, bezahlten einen Eintritt und schon ging es los. Mein Vater saß hinter dem Projektor und hat die Kurbel gedreht. So funktionierte das damals. Der Projektor wurde mit der Hand betrieben. Mein großer Bruder hat auch mitgeholfen, wenn er da war, und der kleine, der Hesso, konnte das auch bald und hat dann ebenfalls mitgemacht. Das Kino war eine Attraktion für die Leute, früher gab es ja keine Kinos und nichts in den Dörfern. Manchmal spielten wir auch mehrere Abende hintereinander. Wir haben das bis Kriegsbeginn gemacht, solange mein Vater noch den Gewerbeschein hatte. Der wurde dann aber irgendwann nicht weiter verlängert. Das mit den Kinovorführungen, das ging nur im Sommer, weil wir im Winter nicht fahren konnten. Im Winter blieben wir irgendwo – in einer Stadt meist – für mehrere Monate stehen mit dem Wagen. Das war unser Winterquartier. Man musste den Sommer über so viel gespart haben, dass man im Winter davon leben konnte. Aber nicht nur davon. Mein Vater spielte Sitar, ist als Sitarspieler abends in der Wirtschaft aufgetreten. Das konnte er auch im Winter machen. Die Leute haben Bier getrunken – und er hat gespielt und sie unterhalten. Er war sehr gut angesehen als Musiker, hat viele Gäste gehabt, viele liebe Menschen, die uns auch gerne gehabt haben. Es gab bei den Erwachsenen schon sowas wie Freundschaften mit *Gadje*, den Nicht-Sinti. Aber wie der Hitler aufkam, da war es vorbei.

GEIGENHANDEL

Mein großer Bruder, Stifto, handelte damals schon mit Geigen. Er hatte ein Motorrad. Damit fuhr er zu seinen Kunden, um die Geigen zu kaufen oder zu verkaufen. Viele gebildete Leute – Ärzte und Lehrer – hatten gute Geigen oder wollten welche haben, für ihre Hausmusik. Das waren Stiftos Kunden. Einfache Leute, Gadje, hatten keine Geigen. Die einfachen Leute haben bei denen keine klassischen Instrumente gespielt. Das war bei uns Sinti anders. Da konnte fast jeder ein Instrument spielen. Ob arm oder reich, egal, das gehörte einfach zum Leben dazu, dass man Musik macht. Aber bei den Gadje war das etwas für die Bessergestellten.

Wenn dann mein Bruder eine Geige gekauft hatte, hat er sie hergerichtet. Woher er das konnte, weiß ich gar nicht genau. Von meinem Vater oder von anderen Sinti, vielleicht vom Zuschauen gelernt ... Wenn im Sommer mehrere Wagen zusammenstehen und da arbeitet einer an seinen Geigen ... Wie das eben so ist: Kinder sind manchmal neugierig und stellen sich dazu und schauen, was und wie der das da macht. Dann helfen sie ein bisschen, irgendwann können sie es dann und machen es selbst. Unter den Sinti gab es viele Geigenkenner. Mein Bruder war auch ein sehr guter. Nicht nur von Geigen, auch von Bratschen und Cellos verstand er was und handelte damit. Er spielte selbst gar nicht schlecht. Wenn da Veranstaltungen waren, eine Feier oder so, dann trat Stifto auch mal mit der Geige auf, aber das war nicht sein Haupterwerb. Sein Beruf war der Geigenhandel. Den konnte er auch im Winter machen, wenn es mit dem Wanderkino nicht weiterging. Daher kam das Einkommen im Winter von den Auftritten meines Vaters mit der Sitar, von Stiftos Geigen – und was meine Mutter verdiente.

MEINE MUTTER

Meine Mutter hat mir geähnelt. Ich bin mehr nach meiner Mutter gekommen, die war auch eine Kleine und viel dunkler als mein Vater. Eine dunkle, kleine, aber keine schmale Person, die war gut beieinander. Meine Mutter war eine ganz hübsche Frau. Sie hatte ganz lange Haare, schwarz, wunderschön. Die hatte sie hinten immer zu so einer Tolle eingeschlagen und festgesteckt mit einem Kamm. Ich habe noch ihren Kamm, der ist mein Erinnerungsstück an sie. Den habe ich nach dem Krieg 1945 in unserem Wagen wiedergefunden. Das war viel Arbeit, diese dicken, langen Haare zu kämmen und zu waschen. Früher hatte keiner kurze Haare. Bei den Sinti war das der Stolz, die langen Haare. Die Mädchen haben Zöpfe mit langen Schleifen bekommen. Ich hatte immer vier Zöpfe. Ich hatte so dicke Haare, die waren schwer in den Griff zu kriegen. Meine älteste Schwester Esla hat mir immer die Haare gemacht, aber es waren zu viele für zwei Zöpfe, also machte sie mir vier, zwei links und zwei rechts, an den Seiten schön eingeflochten und oben eine große Schleife.

Meine Mutter kleidete sich so wie ich heute, langes Kleid oder langer Rock und dann Bluse mit Strickjacke oder Pullover. Und darüber eine Schürze. Ein halbe, mit Taschen, wo sie ihre Sachen reintun konnte, ihre Taschentücher. Früher ist fast keine Frau, wenn sie zu Hause war, ohne Schürze rumgelaufen. Um die Kleider zu schonen bei der Hausarbeit, aber auch damit sie schön aussieht. Die Schürzen hat meine Mutter selber genäht, mit der Hand. Mit Rüschen ringsum. Früher sind die Mädchen- und Frauenkleider viel mit der Hand genäht worden. Erst als ich groß war, so 14 Jahre, da sind wir zur Schneiderin gegangen, und ich durfte mir etwas nähen lassen. Man hat selber genäht, machen lassen oder gekauft. Wenn man einen schönen Stoff gesehen hat, kaufte man den und die Schneiderin hat dann Maß genommen und das Kleid genäht. Auch die Männer haben sich ihre Anzüge machen lassen.

Meine Mutter war eine liebevolle, eine sanfte Mutter. Sie hat mich immer geherzt und geschmust. Wir haben eine gute Mutter gehabt. Wenn sie geschimpft hat, weil wir was verkehrt gemacht haben, da haben wir sie nur ausgelacht. Ich habe dann oft gesagt: »Ach Mama, guck doch mal! Ich kann Dir schon hier oben die Hand auf den Kopf legen!«, weil sie so klein war. Und dann hat sie auch gelacht, und es war aus mit dem Streit. Wenn der Vater mit der Mutter gezankt hat, haben wir immer gerufen: »Mama, schnell, schnell, lauf weg!« Ich an einem Zipfel und der Hesso am anderen. »Schnell Mama!« Der Papa war manchmal böse mit der Mutter. Ist aber nichts geschehen. Aber ich und der Hesso, wir haben immer Angst gehabt. Da wollten wir die Mutter beschützen. Wir haben eine liebe Mutter gehabt. Liebe Eltern. Deswegen komme ich nicht drüber weg. Ich denke so oft, wie sie da in die Gaskammer gegangen sind – da darf ich nicht anfangen mit. Ach! Das vergesse ich nie, das ist immer vor meinen Augen.

HAUSIEREN

Meine Mutter arbeitete bei den Kinovorführungen nicht mit. Sie kümmerte sich um uns Kinder und um den Haushalt. Und sie ging hausieren. Meine Mutter war Hausiererin. Sie und meine Schwestern hausierten mit Kurzwaren, mit wunderschöner Spitze vor allem. So kam noch zusätzlich Geld rein. Sie hatten ein Hausiergewerbe angemeldet, das konnte man nämlich nicht einfach so machen. Aber irgendwann, als der Hitler dann war, bekamen sie keinen Schein mehr dafür. Ich hausierte nicht, ich sollte mich ganz auf die Schule konzentrieren. Das mit dem Hausieren ging zu der Zeit noch gut, die Menschen waren noch in Ordnung. Bis dann der Hitler kam, da war es zu spät. Die Spitze gab es in Meterware. Meine Mutter und meine Schwestern hatten immer mehrere Rollen mit verschiedener Spitze im Angebot. Damit sind sie zu den Leuten hingegangen und haben die angeboten. Sie handelten mit Spitze aus Wuppertal, Wuppertal-Elberfeld. Da gab es Werkstätten, die die Spitze herstellten und verkauften. Die konnte man bestellen und dann wurde die Ware geschickt. Meine Mutter hatte so einen Korb, in den sie die Spitze reintat, so eine Kiepe mit Lederriemen. Und damit ging sie im Sommer draußen in den Dörfern von Haus zu Haus oder von Bauernhof zu Bauernhof und im Winter in der Stadt in den Mietshäusern auch von Tür zu Tür. Da hat sie die Leute begrüßt und gefragt, ob sie Spitze brauchen. Sie hätte schöne Spitze da, ob sie sich was ansehen wollen. Wenn die Leute interessiert waren, hat sie was gezeigt, und wenn sie »Nein« gesagt haben, ist sie weiter. Meist passierte der Handel an der Tür, aber manchmal haben die Leute auch gesagt: »Kommen Sie doch mal rein, zeigen Sie mal!« Und manche haben auch gefragt: »Haben Sie Kinder, wir haben noch Kleider. Brauchen Sie was?« oder »Wollen Sie Kartoffeln haben?« Dann haben sie ihr das mitgegeben. Früher war das anders als heutzutage. Da waren die Leute noch freundlich und haben auch mal geholfen. Dass jemand ihr schlecht kam, weil sie eine Sinteza war, habe ich nie gehört von meiner Mutter. Sie sagten höchstens: »Wir brauchen nichts.« Ich denke, dass das auch eine wichtige Einkommensquelle war, das Geld, das meine Mutter beim Hausieren verdiente. Und dazu hat sie noch Essen geschenkt bekommen, das sie mit nach Hause gebracht hat. Da war eine Abteilung in ihrem Korb für die Waren und extra noch eine für die Essensspenden. Die Kunden haben dann manchmal Milch geschenkt, in der Kanne, oder Kartoffeln, Gemüse. Das war auf dem Land so, aber auch in der Stadt. Die Häuser in der Stadt, die waren damals auch noch ein bisschen ländlich. Das war nicht so modern wie heute. Da haben die Leute ihre Speisekammern gehabt, da lagerten sie Kartoffelsäcke und Lagerobst und Eingemachtes.

UNSER WOHNWAGEN

Wir hatten einen wunderschönen, großen, hölzernen Wagen. Der Eingang war an einer der Schmalseiten, an der vorderen, dort wo auch die Deichsel war. Da führte eine Holztreppe rauf, die man zum Weiterfahren wegnahm. Der Wagen hatte Flügeltüren als Eingang, die hatten in der oberen Hälfte Glasscheiben drinnen, mit geätzten Blumenmotiven, wunderschön! Vorn, wo man reinkam, war als erstes die Küche mit einem bemalten Emailleofen. Der war mit goldenen Vogelmotiven verziert und wurde mit Holz befeuert. Das kam unten in eine Schiebe rein. Hinten war das Rohr, das Ofenrohr, das oben aus dem Wagendach rausging. Wie diese ganz normalen alten Holzöfen in den Häusern früher, nur schöner. Oben am Ofen war so ein Topf angebaut, da war immer heißes Wasser drinnen. Solange der Ofen gebrannt hat, war automatisch auch immer heißes Wasser da. Das Holz holte mein Vater, meine Mutter und meine älteste Schwester kochten. Wir aßen häufig Ei, Huhn, Kartoffeln, Knödel, Mohrrüben, Steckrüben und Kraut, insgesamt viel Gemüse. Es ging uns sehr gut. Hunger kam nie vor bei den Reichmanns. In der Küche waren Hängeschränke eingebaut, und dann war da ein stehender Schrank, da war das gute Geschirr drin, Porzellan aus Meißen. Der Wagen hatte rundum Oberlichter, kleinere Fenster, oben kurz vor wo das Dach ansetzte, zum Aufklappen nach oben, so Kippfenster. Da konnte man, zum Beispiel wenn gekocht wurde und draußen war es kalt, nur oben aufmachen und musste nicht die richtigen Fenster und die Tür öffnen. Dahinter standen ein Tisch mit Stühlen und auch ein Sofa. Das war das Ess- und Wohnzimmer. Und manchmal war es auch die Geigenwerkstatt meines großen Bruders. Da hat er die Geigen, die er gekauft hatte, am Esstisch hergerichtet, schön neu lackiert, sowas ... Und dahinter, abgetrennt durch Schiebetüren, lag das Schlafzimmer, darin links und rechts die Betten, Stockbetten. Unter und über den Betten waren Schränke eingebaut, wo wir unsere Kleider und alles lassen konnten. Falls mal mehr Leute da waren, legte man noch Strohsäcke dazu, auch auf dem Sofa konnte man schlafen. Wir wohnten erst zu sechst in dem Wagen. Meine Eltern, Stifto – der war aber oft unterwegs, Esla, Hesso und ich. Guki war schon verheiratet und hatte Kinder und einen eigenen Wagen. Irgendwann heirateten auch Esla und Stifto. Danach wohnten sie nicht mehr bei uns.

Die Eltern meines Vaters habe ich nicht mehr kennengelernt. Die waren wahrscheinlich schon tot, als ich zur Welt kam. Aber von meiner Mutter die Mutter, die Oma, die Alte, die war oft bei uns. Die kam zu ihrer Tochter, meiner Mutter, und war bei uns ein paar Tage und dann ist sie zu einem ihrer anderen Kinder gegangen. Meine Eltern hatten beide mehrere Geschwister. Die eine Schwester meines Vaters, seine jüngste war das, die war krank und ist gestorben, an Krebs. Ich glaube, 36 Jahre war die und hat fünf Kinder gehabt, kleine Kinder. Der Vater der Kinder, das war von meinem Vater der Cousin. Als die Frau gestorben ist, hat er den Wagen mit den fünf Kindern bei uns angehängt und da haben wir die mitgenommen. Für eine ganze Zeit haben wir die mitgenommen, bis die Kinder groß geworden sind. Solange waren die bei uns. Da waren wir plötzlich doppelt so viele, die immer zusammen waren. Der Vater hat keine neue Frau genommen. Das war bei uns nicht so. Bei den Sinti war der Zusammenhalt da. Dass die Großfamilie das dann mitmacht. Wenn du was zu essen gehabt hast und ich nichts, hast du mir die Hälfte davon abgegeben. Bei einem Todesfall haben andere Familien den Hinterbliebenen Essen hingeschickt oder sie wurden eingeladen. Auch mit Kleidung haben die sich gegenseitig geholfen. So war das bei uns.

Ach, dieser Wagen! Unser Wagen! Das war ein Traum. So hübsch alles, ein richtiges Schmuckkästchen. Außen mit Querleisten und das Holz immer schön lackiert, das hat richtig geglänzt. Das wurde immer erneuert. Wenn der Lack nicht mehr schön war, wurde er abgeschliffen und wieder neu lackiert. Das Dach oben war halbrund gewölbt. Nicht jeder hatte so einen Wagen. Wie bei allen Leuten gab es auch bei den Sinti Unterschiede. Es hat natürlich auch Menschen gegeben, die haben nur kleine Ziehwagen gehabt und ein Zelt, die haben draußen gekocht. Das kam darauf an, wie die Leute gestellt waren.

Meine Mutter stand morgens immer als erste auf. Dann hat sie zu uns Kindern gesagt: »Los, aufstehen, es ist Zeit!« Die Betten wurden weggeräumt, damit wir Platz hatten. Wir haben uns draußen gewaschen. Da hatten wir so Waschschüsseln, wo warmes Wasser drin war. In der Zwischenzeit hat meine Mutter drinnen das Frühstück gemacht. Und dann haben sich alle zusammengesetzt und drinnen am Tisch gefrühstückt. Wir aßen fast immer drinnen am Tisch. Wir waren auch immer gut angezogen. Und immer alles pikobello gebügelt. Das Bügeleisen, so ein altes schweres Ding, wurde auf der Ofenplatte heiß gemacht. Ach, was das alles für eine Arbeit war, damals.

Viel wurde auch draußen gemacht. Die Wäsche zum Beispiel. Meine Schwester hat gewaschen, auf einem Brett mit solchen Rillen drauf. Dann hat sie Steine zusammengestellt und Feuer gemacht, einen Waschkessel draufgestellt, hat die Wäsche ausgekocht. Man hat sich ja viel zu helfen gewusst. Und dann wurde sie zum Bleichen in der Sonne ausgelegt. Weiße Wäsche, so weiß war die, diese von der Sonne gebleichte Wäsche ... Und wie die roch! Wunderbar sauber und frisch riecht das, wenn die Wäsche so gewaschen und getrocknet und gebleicht wird, draußen. Wir haben sehr sauber gelebt.

Der Wagen – über sechs Meter war der lang – wurde von einem Traktor gezogen, einem *Lanz Bulldog*. Den hatte mein Vater in Dresden gekauft. Pferde hatten wir nie. Wir waren ganz modern unterwegs.

ZILLI UND HESSO – DIE NESTHÄKCHEN

Hesso und ich waren die verwöhnten Nesthäkchen. Viele Jahre hatte unsere älteste Schwester, Esla, den Haushalt gemacht, die hat uns großgezogen. Wie eine zweite Mutter war die. Als sie heiratete und von uns wegging, war sie schon recht alt. Vielleicht hatten wir gehofft, das würde nicht mehr passieren. Sie war da schon an die 30, das war in der Zeit damals sehr alt zum Heiraten. Hesso und ich konnten ihren Mann nicht leiden, weil er es ja war, wegen dem sie von uns wegging. Die Esla und ihr Mann haben keine Kinder mehr bekommen. Esla hatte starkes Gelenkrheuma, daran starb sie. Aber das war erst später, kurz vor dem Krieg oder zu Anfang des Krieges.

Als Kind hatte ich kleine Hühner. Die bedeuteten mir viel. Für die war ich ganz allein verantwortlich. Nach denen habe ich immer geschaut. Mein Vater hatte mir unter den Wagen so einen Kasten gebaut mit einer kleinen Leiter, wo ich meine fünf Hühner und den Hahn drin hatte. So kleine Zwerghühner waren das. So hübsch. Die waren besonders. Schwarz mit unzähligen kleinen Punkten und so langen Federn am Kopf und an den Füßen. Ulkig sahen die aus. »Hopp, hopp, hopp« – und die Hühner waren drin. »Puttle«, habe ich gesagt, »puttle, komm, komm.« Sie legten kleine Eier, die legten sie in ihr Kästchen rein. Egal, wo wir gestanden haben, habe ich sie rausgelassen und dann habe ich wieder geklatscht und sie kamen alle wieder das Leiterchen rauf und waren in dem Kasten drin. Aber dann ist was passiert, wir haben mal gestanden an einem Waldrand, einen Tag. Mein Vater hat nie geschlafen, also nie richtig fest geschlafen. Normalerweise hat er immer alles gehört in seinem leichten Halbschlaf. Aber an dem Tag hat er ganz fest geschlafen und nichts gehört. Da kam ein Fuchs oder ein Marder. Der ist in den Kasten reingegangen, hat alle Hühner totgemacht, hat sie rausgeholt aus ihrem Kasten. Die Hühner müssen geschrien und gegackert haben, aber mein Vater hat nichts gehört. Und ich natürlich, morgens … Das war für mich der Weltuntergang. Meine Hühner alle weg. Da war ich vielleicht so sechs, sieben Jahre alt. Danach wollte ich keine Hühner mehr.

Wir haben auch immer einen Hund gehabt, einen Hund zur Bewachung am Wagen, das hatte jeder. Der Hund hat gebellt, da hat man gewusst, da ist jemand. Die hatten auch Namen zum Beispiel *Kalonack*, das heißt *schwarze Nase*. Wenn wir fuhren, war der Hund im Wagen, und wenn wir standen, haben wir ihn rausgelassen. Wenn es nachts kalt war, nahmen wir ihn auch mit rein in den Wagen. Ich habe auch später immer Hunde gehabt, ich habe Viecher immer sehr gerne gehabt.

Mein Bruder und ich haben nie viel gestritten. Nur wegen der Geige, da haben wir uns oft gezankt. Ich wollte immer Geige spielen und der Kleine hat eine Geige gehabt. Ich nicht. Es gab nur die eine. Und wenn der weg war, hat die Zilli schnell die Geige genommen und gespielt. Ich konnte besser spielen als er. Ich habe heimlich geübt, wann immer ich an die Geige rankam. Und deswegen haben der Hesso und ich uns in den Haaren gehabt, wegen der Geige. Wenn mein Vater das mitkriegte, hat er immer gesagt: »Lass mein Mädchen spielen, die hat bessere Ohren als du!« Das hat mein Vater zu ihm gesagt und das war auch die Wahrheit. Das war mein frühes Leben. So bin ich groß geworden, in dieser großen, glücklichen Familie.

SCHULE

Im Sommer sind wir also mit dem Kino von Ort zu Ort gefahren. Hesso und ich gingen dann alle paar Tage in eine andere Schule, manchmal nur einen einzigen Tag, eben da, wo wir gerade standen. Dafür hatten wir ein besonderes Heft, Wanderbuch oder Wanderpersonalbuch hieß das. Das gaben wir beim Lehrer ab – und dann ist da immer eingetragen worden, wann wir in der Schule waren – die Tage und die Uhrzeiten – und wo wir mit dem Wagen gestanden haben. Und wenn es weiterging, sind wir morgens auch in die Schule gegangen: »Wir müssen wieder wegfahren. Bitte schreiben sie ein bis zehn Uhr.« Wenn Ferien waren, dann sind wir zum Bürgermeister hin und haben eintragen lassen, dass wir dort gestanden haben und dass in der Zeit keine Schule war, dass da Ferien waren. Wir waren ja nicht angemeldet, dass wir an dem und dem Tag kommen würden. Wir standen dann am Morgen einfach da mit unserem Wanderbuch. Das war also schon eine Überraschung für die Lehrer, aber wir waren ja nicht die einzigen Sinti, die unterwegs zur Schule gegangen sind. Die Lehrer kannten das also schon. Da ging auch nicht die Mutter mit, das machten Hesso und ich alleine. Und dann haben wir immer hinten in der letzten Bank gesessen. In den Schulen wurden wir immer auf den letzten Platz gesetzt. Die Lehrer waren damals fast alle Männer. Denen waren wir egal. Es war ihnen egal, ob die »Zigeunerkinder« was lernen oder ob sie nichts lernen. Ohne die Hilfe meines Schwagers hätten wir es bestimmt nicht geschafft, lesen und schreiben zu lernen.

Über den Winter – wenn wir irgendwo unser Winterquartier genommen hatten – gingen wir länger in eine Schule. Den ganzen Winter über gingen wir in dieselbe Schule. Im Oktober, November, wenn es kalt wurde, blieben wir mit unserem Wagen irgendwo stehen und fuhren erst im nächsten Frühjahr wieder raus. Das entschied mein Vater. Der beobachtete das Wetter und irgendwann sagte er zur Mama: »Für dieses Jahr ist Schluss. Batschka, wir müssen irgendwohin fahren und einen festen Platz haben, wo wir überwintern können.« Wir haben nicht immer auf demselben Platz gestanden, wir hatten kein festes Winterquartier, zu dem wir jedes Jahr fuhren und dablieben. Es kam immer drauf an, wo wir gerade waren und wo wir bleiben konnten, wo wir die Erlaubnis bekamen für mehrere Monate zu stehen. Mein Vater hat dann gefragt: »Kann man hier überwintern?« – und dann haben sie gesagt »Nein« oder »Ja«. Wenn ja, dann musste geklärt werden, was es kostet, war ja nicht umsonst. Wir haben schon was bezahlt dafür, aber nicht viel. Das war meist auf dem Platz einer Wirtschaft, von einem Gasthaus. Damit wir Wasser und Toilette hatten. Auf freiem Feld standen wir nie. Im Winter standen wir fast immer allein, nur unsere Familie. Außer in einem Winter in Halle. Da standen auf einem Platz einige Wagen zusammen, und es gab viele Kinder, viele Cousins und Cousinen. Das war mein schönster Winter als Kind, da waren wir viele und waren auch alle zusammen in der Schule, konnten den Schulweg gemeinsam gehen. Im Sommer auf den Dörfern, da standen auch mal drei oder vier Wagen zusammen. Manchmal ergab es sich so, dass wir Sommers mit mehreren Wagen zusammenstanden, dann waren da viele Cousins und Cousinen und wir sind alle zusammen in die Schule gegangen. Das fand ich immer schön, wenn wir nicht alleine waren, der Hesso und ich, sondern wenn wir viele waren. Ich mochte das Leben im Sommer lieber. Unterwegs sein. Draußen sein. Das war besser für mich, schöner.

Bei meinem kleinen Bruder Hesso und mir legten meine Eltern viel Wert darauf, dass wir immer zur Schule gingen und lernten. Bei den drei Älteren war das noch nicht so gewesen. Mein Vater und meine Mutter konnten beide nicht lesen und schreiben, Guki und die anderen beiden auch nicht. Ich und der Hesso, wir waren die einzigen. Zu uns hat mein Vater gesagt: »Eure Mutter und ich können nicht lesen und schreiben, aber Ihr beiden, Ihr lernt das.« Das wollte er. Damit war es ihm ernst. Und so wurde das gemacht, er war bei uns der Entscheider. Und weil er uns beim Lernen nicht helfen konnte, und meine Mutter auch nicht, machte das der Mann meiner Schwester Guki, *Gal Jungo*. Der hat uns sehr unterstützt, mit uns geübt, damit wir es lernten, viele Stunden. Er war sehr klug, sehr gebildet und ein ganz lieber Mensch. Ich wurde 1930 mit sechs Jahren in Jena eingeschult, wir verbrachten dort den Winter. Bis zum nächsten Frühjahr, als wir wieder losfuhren, konnte ich schon gut lesen und schreiben. In der ersten Klasse habe ich das sehr schnell gelernt, das Lesen und Schreiben, das konnte mir dann keiner mehr nehmen und das sollte mir später im Leben noch helfen. Im Winter hat mir die Schule Freude gemacht, wenn ich lange in einer Klasse, bei einem Lehrer, war.

Freundschaften zu anderen Kindern, die keine Sinti waren, hatten wir nicht. Wir wohnten ja im Wohnwagen und kamen mit ihnen kaum in Kontakt. So ergaben sich keine Freundschaften. Auch aus den Begegnungen dort, wo mein Vater sein Kino vorführte, ergaben sich keine Freundschaften. Anfeindungen gegen uns Kinder gab es damals noch nicht so sehr, das war noch keine Hitlerzeit, diese erste Zeit, wo ich in die Schule gegangen bin. Aber manchmal haben uns die anderen Kinder verfolgt, die sind uns nachgekommen und haben geschrien: »Zigeuner, Zigeuner!« Aber da haben wir uns immer gewehrt! Ich habe dann den Griffelkasten genommen – damals hatten doch die Kinder so einen Griffelkasten, so einen hölzernen, und eine kleine Schiefertafel. Und den habe ich genommen, den Griffelkasten aus Holz, um mich zu wehren. Damit habe ich immer geschlagen, die Kinder, die uns nachkamen und uns beleidigten, das waren vier, fünf manchmal. Bis ich zu Hause war, hatte ich keinen Griffelkasten mehr, den habe ich dabei immer kaputt gemacht.

»DIE BRINGEN DOCH NUR DIE VERBRECHER WEG«

INGOLSTADT

Mein Vater hat immer gesagt: »Der Hitler bringt doch nur die Verbrecher weg.« Der hat geglaubt, dass denen, die nichts machen, auch nichts passiert. Er hat in seinem Leben keine einzige Vorstrafe gehabt, nicht mal irgendeine Kleinigkeit, mein Vater war einwandfrei. Und meine Mutter: auch keine Vorstrafe, nichts. Beide nicht. Also waren wir frei, glaubte er. Er konnte sich nicht vorstellen, dass wir auch drankommen. Aber das war nicht wahr. Hitler hat nicht nur Verbrecher weggebracht. Der hat unsere ganze Familie vernichtet und all die armen Menschen ... meine ganze Familie, ach ... meine ganze Verwandtschaft, meine Cousins, alle weg, von denen lebt keiner mehr.

Erst ging es noch ein paar Jahre gut, als wir in Ingolstadt waren. Da standen wir bei einem Wirtshaus hinten auf dem Hof. Die Adresse war Gießereistraße. Da standen nur wir, keine anderen Sinti. In Ingolstadt bin ich in eine katholische Schule gekommen, da bin ich über längere Zeit hingegangen, in eine Schule mit Nonnen. 1939 beendete ich in Ingolstadt bei den Nonnen nach neun Jahren die Volksschule. Auch zur ersten Kommunion bin ich in Ingolstadt gegangen und später gefirmt worden in Eichstätt. Das war der Bischofsitz. Mein jüngerer Bruder und ich hatten Paten, das waren Gadje. Meine Firmpatin war von einem großen Lebensmittelgeschäft, der Kommunionspate meines Bruders war von einer Bank, ein Bankdirektor. Wie diese beiden unsere Paten wurden, das kann ich nicht sicher sagen. Kann sein, dass das von der Schule gemacht worden war. Die Lehrer haben die beiden unter den wohlhabenden Bürgern für uns als Paten ausgesucht: »Ich habe hier zwei Zigeuner. Wollt ihr das?« Und dann haben die das gemacht, die Inhaberin des Lebensmittelgeschäfts und der von der Bank, die erklärten sich dazu bereit. Das war so eine wohltätige Sache für die, könnte sein. Oder mein Vater hat sie gekannt und sie gefragt, ob sie das machen wollen für die Kinder. Und dann waren sie damit einverstanden gewesen. Gerade in Ingolstadt war mein Vater als Sitarspieler sehr hoch angesehen. Da hatten wir noch ein gutes Verhältnis mit den Gadje, bis etwa 1939.

Dann ist das alles abgebrochen und das war der Anfang unseres Leidens. Je länger Hitler an der Macht war, desto mehr änderte sich, desto enger wurde es für uns. Irgendwann waren wir Freiwild. Das ging damit los, dass es immer schwieriger wurde, eine Bleibe zu finden, einen Stellplatz. Keiner wollte uns mehr haben. Meine Mutter und meine älteste Schwester haben die Einkäufe gemacht. Sie wurden beschimpft und in manchen Geschäften wollte man sie nicht mehr bedienen. Schließlich sah mein Vater ein: »Es ist nicht gut, wenn wir hierbleiben.« Er hat gewusst, wenn wir irgendwie erwischt werden, kommen wir weg ins Lager. Er wusste das, weil von unserer Familie viele schon nach Buchenwald gekommen waren. Zunächst half es noch, dass wir das Wanderkino betrieben, dass wir also Schausteller waren und ein Schaustellergewerbe angemeldet hatten. Wir waren in dieser Zeit eine Weile mit welchen von der Traber-Familie unterwegs, das waren richtige Schausteller, Artisten. Mit denen zu fahren, bot etwas Schutz. Das war ein großer Vorteil in dieser Zeit. Da konnte ich immer meine Lebensmittelkarten holen, so dass wir weiterleben konnten. Die Karten wurden auf das Gewerbe zugeteilt, weil wir Schausteller waren. Als Sinti hätten wir nichts gekriegt. Und obwohl mein Vater wusste: »Es ist nicht gut, wenn wir hierbleiben«, hielt er sich doch zugleich immer noch an seinem Glauben fest, uns würde nichts passieren, da wir unbescholtene Leute waren.

EGER

Aber dann, 1939 im Sommer muss das gewesen sein, hat er schließlich eine Entscheidung getroffen. Da sind wir geflüchtet. Aus Bayern, von Ingolstadt, gingen wir zunächst nach Eger, manchmal waren wir auch in Karlsbad. Eger und Karlsbad, das waren schon früher Orte gewesen, an denen wir oft waren. Da hatten wir viele Verwandte und da blieben wir damals, als wir Bayern verlassen hatten, länger. Dort waren wir bei Kriegsbeginn im Herbst 1939. In Karlsbad ist mein Vater verhaftet worden, wegen nichts. Sie haben auch *Zinker* gehabt bei den Sinti. Zinker, so nannte man Verräter. Die haben nicht dichtgehalten. Wenn es um ihre Haut ging, haben sie andere Sinti verraten. Das gab es bei den Sinti, wie es das überall gibt ... Und so ist mein Vater in Karlsbad verhaftet worden, weil Sinti ihn verraten hatten. Ach, eine schlimme Geschichte ... Er ist dann wieder entlassen worden, aber am Ende sind wir doch alle ins Lager gekommen. Viele von uns waren in dieser Zeit bereits in einem Lager in Thüringen. In Buchenwald. Da sind meine Cousins damals schon hingekommen. Aber wir – meine Eltern, Geschwister und ich – waren noch unterwegs. Das ist so, wenn du als Schausteller dein Geld verdienst, oder als Händler, dann arbeitest und lebst du von Ort zu Ort. Aber jetzt waren wir nicht mehr zum Arbeiten unterwegs, sondern auf der Flucht. Das ging eine ganze Zeit gut. Von Eger oder Karlsbad sind wir weiter geflüchtet. Das hat uns am Schluss aber nicht mehr geholfen. Bald wurden wir verfolgt bis zum Geht-nicht-mehr.

GRETEL

In Eger ist mein Kind auf die Welt gekommen. Der Vater meiner Tochter und ich, wir haben uns gar nicht kennengelernt. Doch, wir kannten uns schon, aber wir waren kein Paar, das war so hop – top – fertig. Manchmal dachte ich, der hätte gar nicht auf die Welt kommen müssen, dann wäre mir das erspart geblieben. Aber es war eben so. Sein Vater, Gretels zweiter Großvater, war mit uns in Auschwitz. Das war meines Vaters bester Freund. Wir haben uns schon immer gekannt, ich bin groß geworden mit dem. Wir haben zusammen auf die kleineren Kinder aufgepasst, da waren wir vielleicht so acht, neun, zehn Jahre alt. Aber wir haben uns fast kaputtgeschlagen. Er konnte mich nicht leiden – und ich ihn nicht. Dann hat er mich ein paar Jahre später wiedergesehen, wie alt war ich da? 15 Jahre alt muss ich da gewesen sein. Ein schönes Mädchen. Ich weiß das noch, als wäre es erst gestern gewesen. Da waren wir alle in Karlsbad, da gab es ein großes Konzert. Also ein Fest mit Musik und Tanz und allem, was dazugehört. Meine Eltern sind dahin gegangen und seine Eltern, die ja eng befreundet waren. Meine Mutter hat gesagt: »Komm doch mit, Zilli!« Ich hatte so ein schönes Kleid. Ein Traum von einem Kleid. Das habe ich mir machen lassen. Das weiß ich bis heute. Ich sehe es noch ganz genau vor mir, dieses wunderschöne Kleid. Aus einem schweren, schwarzen Wollstoff mit schwarzen aufgestickten Herzen drauf. Wunderbar, mit einer ganz schmalen Taille, schön! Schön lang mit einem weiten, runden Glockenrock. Ach, das war ein Traum. Und da habe ich den nach Jahren wiedergesehen. Er hat mich gesehen in meinem Kleid, so wunderschön. Aber wir konnten uns doch vor dem Fest nicht leiden. Und da sagte er plötzlich: »Ach, Zilli, wollen wir mal tanzen?« Ich habe gedacht: »Naja, dann tanz' ich mit dem halt, was soll's?« Er hat mich bei der Hand gefasst, er wolle mir was zeigen und weg war ich. Um die Zeit ist das Kind entstanden. War nicht mein Wille, aber so ist es entstanden.

Und dann hatte ich meine Gretel. Es war keine leichte Geburt. Aber die Gretel, mein Mädchen, ein so hübsches, ein süßes, ganz liebes Kind! Alle waren ganz vernarrt in sie, und ich war so furchtbar jung. Zu jung, um Mutter zu werden. Sie hätte nicht umkommen dürfen. Aber manchmal denke ich auch anders. Dann denke ich: Sie hätte erst gar nicht auf die Welt kommen sollen, die Gretel. Dann hätte ich diese Gedanken nicht, die mich heute so quälen, wenn ich heute noch hier hin- und herlaufe in der Nacht und sie so sehr vermisse, dass ich nach ihr weine. Wenn sie nicht auf die Welt gekommen wäre ... In Eger ist sie geboren, 1940, am 6. Mai. Da war ich noch nicht ganz 16 Jahre alt. Ihren Namen, Gretel, hat Stifto für sie ausgesucht. Angemeldet haben sie sie mit dem Namen Ursula, aber genannt wurde sie immer nur Gretel. Sie haben sie alle so gerngehabt, aber er, der Stifto, ganz besonders. Als er Soldat in Frankreich war, kaufte er ihr Anziehsachen. Französische Kinderkleidchen. Traumschön waren die. »Das bring' ich für meine Gretel«, es machte ihm eine riesige Freude, ihr was zu schenken. Wir haben sie alle so gerngehabt. Aber sie die auch. Sie liebte ihre Onkel. Ach!

Wenn ich hier so allein bin, in meiner Wohnung, wenn ich traurig bin und nachdenke, dann denke ich manchmal: »Wenn ich sie nicht gehabt hätte, dann hätte ich jetzt diesen Schmerz nicht.« Dieser Gedanke ist da, und ich will ihn mir lieber verbieten, aber er ist da. Und dann denke ich wieder: »Aber ich hatte ein Kind, ich bin eine Mutter und meine Gretel hat mir auch viel Freude gebracht. Ich hatte diese wenigen Jahre mit ihr, immerhin.« Und dann ist da bei all diesem Schmerz, der an ihr hängt, trotzdem auch Freude. Ich hatte mal ein Kind. Freude. Dieses Gefühl, diese Freude über mein Mädchen, ist irgendwie auch geblieben, die kann mir niemand nehmen. Sie hätte nicht umkommen dürfen.

Ich habe mit dem, mit Gretels Vater, kurz zusammengelebt. In der allerersten Zeit. Ich kann das nicht alles erzählen. Aber für die beiden Familien galten wir als verheiratet und sollten zusammen sein. Wenn du ein Kind hast von einem, mit dem aber nicht zusammen bist, das sieht nicht gut aus. Dann hast du ein Ansehen als leichtes Mädchen. Ich war aber mit dem ganz unglücklich. Ich wollte mit ihm nicht zusammen sein. Dann ist seine Familie geflüchtet. In die Türkei wollten sie flüchten, mit dem Zug. Da sollten ich und die Gretel mitkommen, das war schon ausgemacht. Aber dann, als es losging, da war ich nicht da. Ich bin nicht mitgefahren und mein Mädchen auch nicht. Wie es dann weiterging mit denen, mit ihrer Flucht, das weiß ich nicht. Hat ihnen auch nicht geholfen. Die Eltern sind nach Auschwitz gekommen und die Jungens nach Neuengamme. Ich war den nach ihrer Flucht jedenfalls los.

Wir blieben in Eger, und meine Eltern und meine Schwester haben mein Kind aufgezogen. Ein Glück, dass ich die hatte. Mir war das alles zu viel. Ich war doch zu jung und verwirrt darüber, schon Mutter zu sein. Wenn meine Eltern nicht da waren, und die Gretel hat eingemacht, da habe ich mich doch so geekelt. Ich konnte das nicht und wusste mir gar nicht zu helfen. Bei uns war so ein großer Weiher, da bin ich hingegangen und habe die Windeln im Wasser ausgeschwenkt. Das kann ich heute kaum glauben, dass ich so hilflos war, aber so habe ich das gemacht. Das war in Eger und von dort sind wir dann los Richtung Westen. Mein Vater hielt das für besser. Er fühlte sich dort nicht mehr sicher.

STRASSBURG – ERSTE VERHAFTUNG

Bis nach Frankreich sind wir geflüchtet. Nach Lothringen. Nach vielen Zwischenstationen kamen wir schließlich in Metz an. Da hatten wir eine gemietete Wohnung. Dort lebten meine Eltern, mein jüngster Bruder, der Hesso, und ich. Und da war auch mein Kind. Mein ältester Bruder, der Stifto, war nicht bei uns, er war bei der Wehrmacht. Er war zu der Zeit in Frankreich stationiert. Ich denke, darum wollte mein Vater auch dahin. Damit wir in seiner Nähe waren. Die Guki war mit ihrem Mann und den Kindern in Eger geblieben. Metz – das war unser letzter Wohnsitz in Freiheit. Da war unsere Adresse in der Herbergstraße, wir waren ganz offiziell angemeldet, wir wurden ja noch nicht gesucht. Einmal bin ich von Metz nach Straßburg gefahren. Wir hatten da zwei Cousinen, von der Seite meines Vaters her, Else Schubert, die wir *Bluma* nannten, und Katharina Strauß, genannt *Röschen*. Die beiden waren da versteckt, irgendwo bei Franzosen. Diese Franzosen hatten ein Restaurant an einer Rheinbrücke. Das waren gute Menschen, die waren gegen die Nazis. Die haben die beiden Mädchen versteckt. Die taten das nicht für Geld oder so, sondern einfach weil sie gute Menschen waren, die helfen wollten. Die Cousinen habe ich dort in Straßburg besucht. Mein Vater hatte gesagt: »Zilli, wenn Du dahinfährst, bring mir die Mädchen mit!« Also ich zu denen: »Mein Vater hat gesagt, Ihr sollt mitkommen.« Ich bin über Nacht in Straßburg geblieben, bei meinen Cousinen. Sie haben eine kleine Wohnung gehabt bei den Franzosen. Die haben sie aber nicht angemeldet, das war schwarz, da haben sie sie versteckt. Am nächsten Tag wollten wir dann zurück, alle drei, zu meinem Vater und der übrigen Familie nach Metz. Aber das ist nicht geschehen. Wir sind auf den Bahnhof gegangen und das Röschen, meine Cousine, sagte zu mir: »Zilli, geh' Du, hol' Du die Karten!« Weil die beiden doch im Versteck lebten und bloß nicht auffallen durften. Und die Zilli – einen Hut auf, alle trugen damals Hut, Frauen und Männer, und ich trug gern schicke, modische Hüte, hübsches Kleid, sehr elegant war ich ja immer – macht das natürlich, ohne sich groß irgendwas dabei zu denken. Ich gehe zum Schalter und will die Fahrkarten nach Metz kaufen, da kommt auf einmal einer hinter mir und ich höre ihn sagen: »Im Namen des Gesetzes, Sie sind verhaftet.« Ich verstehe erstmal gar nicht. Meint der mich? Ich drehe mich um und sehe, einer von der Gestapo ist das. Und der sagt nochmal und ohne Zweifel zu mir: »Im Namen des Gesetzes, Sie sind verhaftet.« Ich werde aber gar nicht gesucht, es sind meine zwei Cousinen, die gesucht werden. Ich denke: »Ich habe doch gar nichts getan.« Die stehen da weiter hinten, auf einmal sieht er sie. Also nehmen sie die zwei auch mit, weil die bei mir sind. Oder eigentlich andersrum: Mich nehmen sie mit, weil ich bei ihnen bin. »Ach, wenn sie meine Cousinen mitnehmen, gehe ich auch mit«, denke ich. Ich war doch jung und dumm. Der meinte ja gar nicht mich, er wollte die zwei haben, die gesucht worden sind. Wenn ich eine Ahnung gehabt hätte, wo das alles enden würde ... dann wäre ich nicht einfach mitgegangen. Aber so bin ich eben mit. Eigentlich nur ein dummer Zufall, diese Verhaftung. Wir sind dann in Straßburg ins Gefängnis gekommen. Das war mein erstes, das *Raspelhaus*. Nachdem die Gestapo Bluma, Röschen und mich verhaftet hatte, ist die Frau – die Mutter von der Familie, die ihnen geholfen hatte – bald auch eingesperrt worden. Sie kam ins gleiche Gefängnis und musste da mit uns im Kreis laufen. Die von der Gestapo hatten irgendwie rausgekriegt, wo die Mädchen versteckt waren und wer ihnen geholfen hatte. Dann haben sie die Inhaberin von dem Restaurant auch inhaftiert. Da haben wir einige Zeit zugebracht in dem Gefängnis. Das war der Anfang unseres Leidensweges. Von da haben sie mich durch viele Gefängnisse quer durch Deutschland geschickt. Am Ende kam ich nach Lety – und schließlich nach Auschwitz.

Vielleicht hätte es auch alles anders ausgehen können: Der Sohn der Restaurantbesitzer fuhr als Binnenschiffer auf dem Rhein auf seinem eigenen Schiff. Der fuhr immer Fracht ins Innere Frankreichs. Diese guten Franzosen haben immer gesagt: »Ihr sollt doch mitfahren, der bringt Euch weiter rein nach Frankreich, wo die Deutschen noch nicht sind.« Mein Vater war dafür, das zu machen. Aber meine Mutter hatte Angst: »Da können wir nicht hin, wir kennen doch die Sprache nicht und können nicht arbeiten. Die Kinder würden verhungern.« Hätte sie auf meinen Vater gehört, wären wir wahrscheinlich nicht nach Auschwitz gekommen.

Aber wir blieben in Metz und machten das nicht mit dem Schiffer. Wir gingen nicht weiter nach Frankreich rein, und ich war in Straßburg – irgendwie versehentlich – ins Zuchthaus gekommen. In diesem *Raspelhaus* waren wir eine ganze Weile. Wie lange? Ich habe keine Erinnerung, wie lange das war. Waren es Monate oder nur einige Tage? Da konnte man nur in die Luft sehen, da war kein richtiges Fenster, kein nichts, nur so schräge Luken, es war wie im Keller. Wir waren da zu mehreren in einer Zelle. Andere Sinti habe ich unter den Inhaftierten nicht getroffen. Wir haben gearbeitet, für die Soldaten Kleider repariert, Wehrmachtsuniformen ausgebessert. Und ich musste oft weinen vor Hunger. Wir haben da immer Hunger gehabt.

Ich war gerade noch 17, das muss also 1942 gewesen sein. Der einzige Grund, dass ich in Haft blieb: dass ich eine Sinteza war. Einen anderen Grund gab es nicht. Ich hatte nichts Falsches gemacht. Irgendwann wurde ich von da weggebracht. Ich wurde verlegt. Die Mädchen, meine Cousinen, waren nicht mehr bei mir. In Straßburg wurden wir getrennt. Ich sah sie erst später in Auschwitz wieder. Wie ich kamen die aus Auschwitz beide noch raus. Auf Transport. Aber Bluma erwartete ein Kind. Das haben sie in Ravensbrück, wo sie dann war, aus ihr rausgerissen. Daran ist sie gestorben. Und Röschen, die hat überlebt. Sie wohnte hier bei mir, sie war auch in Mannheim und ist dann später nach Gelsenkirchen gezogen.

Ich wurde von Straßburg als erstes nach Karlsruhe in ein Gefängnis gebracht, dann erinnere ich mich als nächstes an Leipzig, von dort schickten sie mich nach Reichenberg, Sudetenland – wieder Gefängnis. Dort waren schon viele Sinti, keine Verwandten von mir, aber andere Sinti. Mit denen kam ich schließlich nach Lety.

LETY

Lety war ein »Zigeunerlager«. Da waren viele Sinti, überall. Auch zum Arbeiten in der Küche, als Funktionshäftlinge, und überall. Da habe ich eine schwere Arbeit gehabt, ach! Das möchte ich lieber gar nicht genauer erzählen. Ich war immer so stolz. Ich wollte immer etwas Besseres sein als die anderen. Ich wollte immer sauber sein, und da haben sie mich für die dreckigste Arbeit eingeteilt. Da habe ich geweint, aber das änderte nichts, ich hab's machen müssen. Dort in Lety unter den Sinti waren viele, mit denen ich verwandt war, keine nahe Verwandtschaft, aber irgendwie verwandt. Die haben alle im Sudetenland gewohnt und waren direkt dahin gekommen.

In Lety gab es einen Wagen, einen alten Wohnwagen, in den haben sie die Toten reingelegt, ach ... Dort starben viele Menschen, Kinder. Das war kein kleines Lager. Weil ich später sah, was und wie Auschwitz war, könnte ich sagen, Lety war nicht so schlecht. Auch da war Hunger, Hunger war immer da. Im Lager hat man nie so viel zu essen gekriegt, dass man sagen konnte: »Ich bin satt.« Das Lager Lety war aber kein Vernichtungslager wie Auschwitz. Verglichen damit war es in Lety freier. Natürlich nicht frei, aber doch mehr frei als in Auschwitz.

Wir wurden von Tschechen bewacht und mussten im Wald arbeiten, mussten im Steinbruch arbeiten, auf den Straßen arbeiten.

Wir waren in schlechten Baracken untergebracht. Frauen und Männer waren wie in Auschwitz auch dort nicht getrennt, sondern die Familien blieben zusammen. Ich glaube, organisiert wurde dort alles von den Tschechen, aber zu sagen hatten die nichts mehr. Das wurde alles von den Nazis bestimmt. Aber die Tschechen, die waren natürlich auch nicht gut zu mir. »Němci« – ich war eine Deutsche für die. Die haben mich dahin verlegt, wo die Toiletten waren. Häftlinge mussten die Toiletten ausschippen, da war ich dabei. »Deutsches Schwein« haben sie zu mir gesagt. Ich konnte die Sprache und verstand das, wenn sie mich auf Tschechisch so beleidigten. Heute kann ich es nicht mehr so gut. Sonst haben sie nur Deutsch mit uns geredet, aber wenn sie schimpften, dann war es Tschechisch. Diese Arbeit da, an den Toiletten, die war unerträglich für mich. Ich war doch so eitel, schon damals als 17-, 18-Jährige, fast noch ein Kind. Das hat einer der Häftlinge, einer der Sinti da, ein Funktionshäftling, mitgekriegt. »Ach Zilli, wo bist du gelandet!«, der hat mich dann da weggeholt, so dass ich nicht mehr bei den Toiletten arbeiten musste. Zwischen den Häftlingen war das Verhältnis gut. Es gab viel Hilfe zwischen den Sinti damals in Lety.

FLUCHT I

Ich bin in Lety aber nicht geblieben. Es war immer noch schlimm genug, dass wir abhauten. Ich bin von da weggelaufen, geflohen. Das kam so: Da war ein Verwandter – ob von der Seite meines Vaters oder von der Seite meiner Mutter, das kann ich nicht sagen – ein Mann mit seiner Frau und seinem Kind, der hat zu mir gesagt: »Zilli, weißt Du was? Wir hauen ab!« Da konnte man schön weglaufen, da war offen. Als der sagte: »Wir hauen ab«, war die Zilli gleich dabei. Immer wenn's ums Abhauen ging, war die Zilli die Erste. Ich wollte immer schon weg von da. Ich habe immer geguckt, ob irgendwo eine Möglichkeit ist, dass ich weglaufen kann. Es war also kein plötzlicher Einfall, ich hatte die Idee schon immer, ich wollte immer abhauen, das war in meinem Kopf schon immer drin – egal wo, auch später. Ich wollte immer laufen, immer abhauen und da war mir das gerade richtig. Aber als es dann wirklich losging, war es ganz plötzlich. Ich hatte vorher mit dem keinen Plan gemacht, oder irgendwas verabredet, dass wir auf die passende Gelegenheit warteten, oder überhaupt darüber gesprochen, was eine passende Gelegenheit war. Die beiden wollten auch schon immer weg. Es war nicht schwierig, von Lety auszureißen, da war kein Draht, nichts. Als wir dann sahen, dass da offen war, wussten wir: »Jetzt können wir abhauen.« Es war einfach. Wir waren kaum aufgeregt, sind nicht mal gerannt.

Und dann? Bei Bauern um Essen zu bitten, haben wir uns nicht getraut, wir waren ja eine kleine Fluchtgruppe, der Mann mit seiner Frau und dem Kind – und ich noch dazu. Man konnte ja nicht sagen, wo man herkommt, nicht erklären, warum man nichts hat. War viel zu gefährlich. Da haben wir doch Angst gehabt. Wenn sie uns verraten hätten, wäre die Polizei gekommen. Dann wären wir gleich weg gewesen. Wir haben uns irgendwie durchgeschlagen, darin sind die Sinti ganz gut, im Sichdurchschlagen. Sinti wissen sich immer zu helfen. Wir haben uns versteckt, gegessen, was wir finden konnten, draußen im Wald ... Mein Verwandter hat ab und an mal einen Hasen gefangen, und ich habe den überm Feuer gebraten. Von den Feldern haben wir uns ein paar Kartoffeln geholt, Kraut, so was. Gegen den Durst haben wir Regenwasser genommen, oben abgeschöpft, dass es sauber war. Aus der Hand getrunken.

Mein Verwandter, seine kleine Familie und ich haben uns dann nach Böhmisch Leipa durchgeschlagen. Da hatten wir auch eine Verwandte, eine von den Schuberts. Die wohnte da noch, hatte dort ein Haus. Die Verwandte wusste, dass wir aus Lety abgehauen waren, sie hat uns aber trotzdem bei sich versteckt. Aber dann kam die Polizei, hat ihr Haus durchsucht. Eine Razzia bei den Sinti. Ausgerechnet, als wir dort waren, kam die Polizei zu ihnen. Oder kam sie vielleicht gerade unseretwegen? Ich weiß es nicht. Da hat mich meine Verwandte unter ihren Röcken versteckt. Früher haben doch die Sinti diese großen Röcke gehabt und da hat sie mich drunter genommen, sodass mich keiner sieht. Ich war doch nur so eine Handvoll, eine kleine schmale Person, trotz meiner 18 Jahre. Aber das ging natürlich nicht gut. Und so wurde ich wieder verhaftet.

Ich hatte während all dieser Zeit, in Lety, während der Flucht, keinen Kontakt zu meiner Familie, ging ja nicht. Ich wusste also nichts von ihnen – meinen Eltern, Hesso, Guki, meinem Kind. Ich wusste nicht, wo sie waren, nicht wie es ihnen ging, nichts. Später erfuhr ich, dass auch sie nach Lety gebracht wurden. Das war, als ich von da bereits fort war. Ich glaube, als ich noch in Lety war, waren meine Eltern und mein Kind schon im Gefängnis, in irgendeinem Gefängnis in Böhmen. Ob sie dann nach Lety kamen zur Strafe, weil ich weggelaufen war? »Ah! Das sind die mit der Tochter, die abgehauen ist.« Ich weiß es nicht. Nach meiner Verhaftung kam ich nach *Pankratz*, das war ein Gefängnis in Prag. Ein schlimmes Gefängnis. Wie lange ich da war, weiß ich nicht. Winter 1942/43 muss das gewesen sein. Da waren Frauen und Kinder aus Lidice. Dort hatten doch die Deutschen ein Massaker angerichtet. Aus Rache, weil der Widerstand ein Attentat auf den Heydrich gemacht hatte. Da haben die Deutschen aus Rache alles kaputt gemacht. Die Männer alle erschossen, und von den Frauen und Kindern aus Lidice waren welche in Pankratz, als ich dahin kam. Ganz kleine Kinder, Babys, schwangere Frauen ... Ach, das war ein Elend! Was aus denen dann geworden ist, weiß ich nicht.

AUSCHWITZ

ANKOMMEN

Zuletzt bin ich in Auschwitz gelandet. Das war 1943, im März, am 11. März 1943 kam ich dahin. Da waren noch nicht viele da. Das Lager war noch gar nicht aufgebaut, da war nur Schlamm, Schmutz und Dreck, kein Wasser, keine Küche, kein gar nichts. Um die Zeit bin ich nach Auschwitz gekommen. Deswegen habe ich so eine niedrige Nummer, *Z-1959*. Da habe ich gelebt. Bis August 1944.

Ich kam mit einem Zug, wo kein Fenster drin war. Da waren außer mir noch ein paar andere Sinti und auch viele Juden. In einem Viehwaggon. Diese üblichen Züge, die die Menschen nach Auschwitz gefahren haben. Jetzt, da sagen sie: »Nein«, aber sie haben das doch gewusst – alle die, die die Züge gefahren sind – wo sie hinkommen, die Endstation war doch Auschwitz. Das haben sie alle gewusst und später dann so getan, als wenn sie es nicht gewusst hätten. Das war doch die Bahn, die hat doch die Menschen in den Tod gefahren und daran gut verdient, und mit so einem Zug bin ich nach Auschwitz gekommen.

Als wir ankamen, war da alles voller SS. Ach, eine Aufregung! Da waren Hunderte SS-Männer und die haben die jüdischen Häftlinge sortiert: die Jungen da, Alte da. Bei den Juden haben sie die, die für nichts zu gebrauchen waren, gleich ins Gas geschickt; die Kinder, die haben sie alle auf der Stelle umgebracht. Bei uns war das nicht so. Wir sind alle ins »Zigeunerlager« gekommen. Ich weiß nicht, warum. Als unser Transport angekommen war, mussten wir uns aufstellen an der Rampe in Kolonnen, und immer Geschrei! Erst schrien sie »Raus, raus!« und dann »Schnell, schnell, weiter, weiter!«. Mit Schlägen und Macht, pfui! Bei manchen war da aber nichts mehr zu machen mit »Schnell, schnell!«, als die aus dem Waggon raus waren. Die Fahrt in dem Waggon ... Ach ... manche waren da schon fertig, in dem Waggon waren viele schon tot ... Und dann sind wir rein ins Lager und wurden tätowiert und unser Name und die Nummer aufgeschrieben, in einem Büro, in einer Bürobaracke. Da wurden die Häftlinge aufgenommen und nummeriert, ein *Z* und dann die Nummer. Das machten alles Häftlinge. Dann wurden uns unsere Kleider weggenommen und wir bekamen irgendwelche Lumpen zum Anziehen. Gestreifte Anzüge hatten wir da nicht. Zuletzt haben sie mir die Haare abgeschnitten, abgeschoren. Das war sehr schlimm für mich. Die Haare, die waren ja wichtig bei uns, das war die ganze Schönheit, der Stolz. Aber mit der Zeit wuchsen sie nach und dann hatte ich auch in Auschwitz wieder schöne Haare.

MEINE FAMILIE IM »ZIGEUNERLAGER«

Irgendwann kam auch meine ganze Familie nach Auschwitz ins »Zigeunerlager«, erst meine Schwester mit ihrer Familie, dann mein Vater und viel später auch meine Mutter, mein Kind und mein kleiner Bruder. Der große Bruder kam auch hin, aber wann weiß ich nicht mehr. Der war bei der Wehrmacht, hat gekämpft, aber da haben sie ihn rausgeschmissen und dann kam er auch nach Auschwitz. Das war meine Familie. Die sind am 2. August alle umgebracht worden: mein Kind, meine Eltern, meine Schwester mit sechs Kindern. Das siebte, ein Baby, hatte man ihr aus Eger nachgeschickt, wie ein Paket. Der Junge starb direkt nach der Ankunft, er war zehn Monate alt. Guki hatte ihn in Eger geboren. Von da wurden sie und ihre Familie ein paar Tage nach mir nach Auschwitz verschleppt. Wir waren alle schon in Auschwitz zu der Zeit, aber das Baby, der Kleine, war nicht dabei. Ich glaube, er war im Krankenhaus, als die Familie von Eger weggeschickt wurde, und kam deshalb nicht mit. Die Mutter, die Guki, war schon in Auschwitz, das haben die gewusst in dem Krankenhaus in Eger und haben den kleinen Wurm nachgeschickt. Die Hunde! So fanatisch waren die. Hätten sie ihn dabehalten, wäre er doch gerettet gewesen. Aber nichts ... Sie haben das Kind irgendwelchen Leuten, die auch deportiert wurden, in die Hand gedrückt. Als der Transport dann angekommen war, kamen sie von der Schreibstube und gaben es bei uns ab. Der Junge ist dann gleich gestorben. Und seine Mutter, meine Schwester Guki, die *Puppe*, ist später mit meinem Vater ermordet worden und mit all ihren anderen Kindern. Sie hatte fast jedes Jahr ein Kind bekommen. Das war damals bei vielen so, die vielen Kinder konnten sich, wenn sie groß waren, zusammen besser um die alten Eltern kümmern. Und die heranwachsenden Mädchen haben den ganzen Haushalt geführt, dann musste die Mutter nichts mehr machen.

Die Namen von Gukis Kindern – von fast allen – weiß ich noch, so gut kannte ich die, so lieb waren die mir: Hannelore, Helga, Ilka, Ossi, Lenz und Fritz. Manchmal ist meine Erinnerung so hundertprozentig und manchmal ist es ganz leer da oben. Fritz, der nach seinem Vater benannt war – Fritz Braun, das war Gal Jungos amtlicher Name – war das Jüngste der Kinder. Das war das Baby, das nachgeschickt wurde, und gleich starb. Gukis Mann Gal Jungo kam irgendwann in ein anderes Lager weg von uns. Am Ende war er nicht mehr mit uns in Auschwitz. Das war ein lieber Mensch! Ein sehr, sehr lieber. Hesso war vor Ende des Krieges zusammen mit ihm in Buchenwald. Als Gal Jungo da gehört hat, dass Guki, seine Frau, und alle seine Kinder nicht mehr lebten, ist er umgefallen und war auch tot. Die Nachricht, dass seine Familie ermordet worden ist, die hat er nicht verkraftet. Bevor wir ins Lager kamen, hat er mir immer geholfen – anfangs beim Lesen und Schreiben lernen und später bei meiner Schreibarbeit, wenn ich etwas Offizielles habe schreiben müssen. Ach, das war ein sehr Intelligenter, ein Schlauer.

Wir waren in Block 6, da waren viele von unserer Verwandtschaft mit drin. Da war meine Cousine Banko, die hatte einen Bruder, *Huschi* hieß er, der war gelähmt, ach ... mein Cousin, der hat oben gelegen. Ihre Mutter war meine Tante Stewela, die ist in Auschwitz gestorben. Unsere vielen Verwandten hat dann mein Vater in seiner Verantwortung gehabt. Die sind alle zusammen ermordet worden. Wie viele ... Ich habe sie nicht gezählt ... Ach! Am selben Tag, am 2. August 1944, ist unser Transport nach Ravensbrück gegangen. Ich bin weggekommen, weil ich für den Arbeitseinsatz zugeteilt war. Ich war erst 20 Jahre alt, gehörte zu den Arbeitsfähigen. Wir, die wegkamen, sind nach Ravensbrück gekommen und am selben Tag haben sie unsere Familien ausgelöscht.

STIFTO

Mein Bruder, mein großer Bruder Stifto, kam auch nach Auschwitz. Er und viele andere Sinti waren bei der Wehrmacht. Die sind eingezogen in den Krieg, weil sie gemusst haben, nicht weil sie freiwillig gegangen sind. Mein Bruder war in Russland, bei Stalingrad, gewesen zum Kämpfen für Deutschland. Er ist verwundet worden. In den Oberschenkel hat er einen Schuss gekriegt. Im Krankenhaus, in dem Militärkrankenhaus, da haben sie erst festgestellt, dass er nicht »arisch« war. Ein »Zigeuner« konnte in der Wehrmacht nicht bleiben. Sie haben ihn aus der Wehrmacht entlassen und zurückgeschickt nach Eger. Und von da haben sie ihn dann weitergeschickt, ins »Zigeunerlager« nach Auschwitz, wo wir schon waren, die anderen Reichmanns. Als er ankam, hatte er seine Uniform an, die von der Wehrmacht. Ich glaube, die hat er aus Protest angezogen. Um das denen deutlich zu zeigen: »Schaut mal her, wen Ihr hier jetzt einsperrt, ich habe noch gekämpft für Euch, gekämpft da, wo es richtig rundgeht, in Russland!«

Bis Russland hat er mitgekämpft, vorher in Frankreich. Half nichts. Sie haben ihn dann später aus Auschwitz wieder entlassen, erst ist er aber sterilisiert worden im Stammlager. Für Deutschland gekämpft ... und was zur Belohnung gekriegt? Sterilisation. Er hat überlebt, aber konnte dann später keine Familie haben. Das war das Schicksal meines Bruders Stefan Reichmann, Stifto. Das war ein Goldstück, mein großer Bruder, ein Goldstück! Der hat uns allen geholfen. Auch später nach dem Krieg. Er war wie ein Ersatzvater für Hesso und mich. Wir drei ... die Einzigen, die übrig geblieben waren ... Wenn ich in Not war, habe ich bloß angerufen und dann war er da. Ich habe Depressionen gehabt nach den Lagern. Wir, mein Mann Toni und ich, waren auf Reise in Bayern, Stifto in Mühlheim an der Ruhr. Toni hat ihn angerufen: »Stifto, der Zilli geht es sehr schlecht.« – Am nächsten Tag war mein Bruder da. Da stand er und hat nach mir geguckt. So war mein großer Bruder.

Stifto war schon verheiratet, bevor er zur Wehrmacht eingezogen wurde. Seine Frau war auch in Auschwitz bei uns. Er kam zu uns in Block 6. Er war eingesetzt als Blockältester. Bei uns ist das doch so, dass wir unsere Alten sehr ehren. Dazu gehörte auch, dass man die älteren Menschen niemals einfach beim Namen nannte, man sagte nur Tante oder Onkel. Den Namen zu sagen, das war respektlos. Und man sagte auch nicht »Du«, sondern »Ihr«. Also nicht »Möchtest Du noch etwas Kaffee haben«, sondern »Möchtet Ihr«. Es macht auch keinen Unterschied, ob eine Frau alt ist oder ein Mann. Sie werden von den Jungen respektiert. Bei uns im Block waren viele Alte und die hat der Stifto nicht rausgeschickt zum Appell. Appell, das bedeutete stundenlang stehen, egal ob bei 40 Grad Hitze oder 15 Grad Frost, stundenlang, früh morgens. Alle mussten da raus aus dem Block, auch bei bitterer Kälte, viele ohne Schuhe, fast alle keine Unterwäsche an – kalt, kalt! Da sind Menschen umgefallen, Greise, die gar nicht mehr laufen konnten. Da werden die Nummern aufgerufen und jeder muss schreien: »Ich bin da!« Reihenweise aufgestellt und stehenbleiben, stundenlang, da werden sie dann aufgerufen, die Häftlinge, mit den Nummern und antworten »ich – ich – ich«, bis der letzte »ich bin da« gerufen hat. Das wollte der Stifto ihnen ersparen, diesen alten, diesen sehr alten Sinti aus seinem Block. Dafür hat er 25 gekriegt. 25 Mal Strafe, Stock- oder Peitschenhiebe, das weiß ich nicht. Appell, ach ... Das war reine Schikane. Alte sind umgekippt und andere Häftlinge haben denen geholfen, dass sie wieder auf die Füße kamen. Danach ist ein Teil der Häftlinge wieder reingekommen in die Baracke, die anderen haben sich zur Arbeit anstellen müssen. Die ganze Kolonne ist zur Arbeit gegangen, mit Musik. Sinti haben gespielt. Das wollte die SS, mit Musik sind sie zur Arbeit gegangen. Die haben gearbeitet in der Nähe von Auschwitz überall in den großen Werken. So war das in Auschwitz.

Die schlimmsten waren damals der Palitzsch und der Plagge, SS-Offiziere, irgendwelche Obernazis. Das waren vom ganzen Lager die höchsten Tiere, die Rapportführer, und damit praktisch die SS-Leitung vom Lager. Palitzsch und Plagge, richtige Schlächter. Die haben Feuer gespuckt, diese beiden. Beim Appell, da sind immer ein paar umgefallen, waren tot, das waren Palitzsch und Plagge, die haben auf dem Appellplatz »Sport« gemacht mit den Häftlingen, »Sport«: hinlegen, aufstehen, laufen, hinlegen, aufstehen, laufen ... Da waren dann immer ein paar tot. So einen Sport haben die gemacht mit den Häftlingen.

»ICH HABE GEKLAUT WIE EIN RABE«

Im letzten Jahr in Auschwitz habe ich Hilfe bekommen. Ich habe jemanden kennengelernt, einen Funktionshäftling, der hatte eine hohe Stellung im Lager und der konnte mir helfen. Aber bevor ich den kennenlernte, ungefähr eineinhalb Jahre, habe ich sie alle versorgt, meine ganze Familie. Ich, die Jüngste von allen! Ich habe gestohlen wie ein Rabe. Aber niemals von Menschen, die das Brot gebraucht haben, sondern im Magazin, in der Küche. Wo ich nur klauen konnte, da habe ich geklaut. Ich hatte keine Angst. Woher das kam, weiß ich nicht. Ich war eigentlich vor dem Lager nicht so. Ich war keine Mutige. Aber das hat das Lager gemacht bei mir – und Gott, den habe ich immer bei mir gehabt. Ich allein habe für meine Familie gesorgt. Meine Mutter hat immer Angst gehabt. Natürlich freute sie sich, wenn ich kam und rief: »Mama, Mama, ich hab' wieder was zu essen für die Kinder!« Natürlich hat sie sich gefreut, die wären sonst verhungert. Rundherum starben doch die Kinder. Aber sie hat auch immer solche Angst gehabt um mich. »Zilli, eines Tages bringen sie Dich um. Du wirst totgeschlagen.« Wäre bestimmt irgendwann auch passiert. Sie hätten mich umgebracht, weil ich überall gestohlen habe. Aus dem Magazin, wo die Kleider der Häftlinge gesammelt wurden, habe ich gestohlen. In die Küche bin ich eingestiegen, wo das Essen war, ich habe gestohlen, egal wo. Es ist fast immer gut gegangen. Gott war bei mir, schon immer, schon immer. In den ausweglosesten Momenten war er da!

IN DER KÜCHE

Das eine Mal bin ich in die Küche eingestiegen; ich wusste, dass ich dort etwas zu essen finden kann für meine Familie. Auf einmal kommt so eine große Gestalt von da hinten her. »Das muss der Kapo sein. Den kenne ich!« Das ist ein Pole, ein polnischer Häftling, ein Funktionshäftling, aber was für einer! Ach, der spuckt Feuer! Das ist von der Küche der Chef. Ich sehe den großen Schatten, ich bin sicher: »Jetzt ist es aus.« Das war eine große Halle, diese Küche, keine Möglichkeit, wo ich mich verstecken kann. »Ach, jetzt ist es aus mit mir.« Da entdecke ich nicht weit von mir einen Trog, einen riesigen Trog, da sind alles Kartoffeln – schon geschälte – drinnen, bis oben hin. Ich sehe den Trog und überlege: »Zilli, was machst du jetzt?« Ich in den Trog – in die Kartoffeln – rein, ich springe da rein. Bevor ich mich totschlagen lasse, gehe ich doch lieber in die Kartoffeln rein. Vielleicht sieht er mich nicht. Das Wasser ist kalt, draußen ist es auch schon kalt, es ist nicht mehr Sommer. Aber das ist ganz egal, vielleicht kann ich so mein Leben retten, hier in dem Kartoffeltrog. Ich warte auf den Küchenkapo, lausche auf seine Schritte, und im Kopf der Gedanke: »Du siehst mich hier nicht, dann geh'ste vorbei und ich hab's nochmal geschafft.« Ich halte den Atem an, warte, die Schritte kommen zum Trog. »Zilli! Mädel! Was machst Du hier drinnen?« Wer ist das? Der Zugo, ein Sinto! Einer, den ich gut kenne, ein Verwandter meines späteren Mannes war das, der Zugo! Er kommt da vorbei, er! Nicht der Pole, der Chef von der Küche! Sondern der Zugo, der war auch Kapo von der Küche, der zweite, der stand unter dem Polen. »Ach, ein Glück, Zugo, Du bist's!« »Komm raus! Schnell! Wenn der Kapo kommt, der bringt Dich um, der schlägt Dich tot, hier auf der Stelle! Raus Mädel, raus und jetzt lauf'!« Was haben wir später gelacht, viele Jahre danach, wenn wir zusammensaßen mit meinem Mann. Da haben wir so gelacht, wenn wir uns daran erinnert haben: »Zugo, weißt Du noch?« »Ach Zilli, ja! Weißt Du noch, wie ich Dich in den Kartoffeln gefunden habe?«

Der Zugo war meine Rettung, da in der Küche. Da habe ich mir, so schnell ich konnte, die Hosenbeine mit Kartoffeln vollgepackt, unten zugebunden, oben am Bund reingepackt und dann unten an den Enden verschnürt, Kartoffeln rein, und dann ab, schnell nach Hause. Da habe ich eine Wasserspur hinter mir gelassen, klitschnass war ich, kalt! Aber ich habe es geschafft, unbemerkt in die Baracke zu meiner Mutter: »Mama, Mama ich hab' wieder Kartoffeln für die Kinder!« In der Baracke in Auschwitz war in der Mitte so ein großer Ofen. Da konnte man vorne Feuer machen, und da hat meine Mutter immer die Kartoffeln für die Kinder gemacht. Ich tat, was ich konnte, wo immer ich konnte, damit sie ein bisschen was zu essen hatten. Und meine Mutter hat immer Angst gehabt, bis ich den Hermann kennengelernt habe. Aber über ein Jahr, eineinhalb Jahre waren wir in Auschwitz, ein ganzes Jahr und länger, war ich die Macherin, da lag die ganze Verantwortung für meine Familie bei mir.

Einmal ging es aber schief: Da wurde ich erwischt, da habe ich drei Tage Stehzelle gekriegt. Stehzelle! Drei Tage stehen im Dunkeln, nichts zu essen, nichts zu trinken, allein, eng. Du kannst dich nicht einmal bücken. Aber ich habe es überlebt. Ich war jung. Während ich da drin war, habe ich die ganze Zeit gedacht: »Ihr könnt mir den Buckel runterrutschen. Wenn ich wieder raus bin, dann klau' ich weiter!« Und genauso habe ich es auch gemacht. Ich habe es überlebt, ich kam raus und habe weitergeklaut. Ja. So war es über eine lange Zeit, mein Leben, mein Leben jeden Tag in Auschwitz. Ich konnte über viele Monate das Leben dieser Kinder, dieser vielen Kinder in meiner Familie, auch das meines eigenen Kindes, erhalten. Wahrscheinlich hätten gerade die kleinsten unter ihnen das sonst nicht so lange geschafft. Die wären ohne meine geklauten Lebensmittel verhungert.

Nach dem Krieg hat mal einer hier in Mannheim zu mir gesagt: »Zilli, Du warst der Engel von Block 6.« Naja, ich weiß nicht. Ich weiß nur, Gott hat das gemacht – und ich habe getan, was ich konnte. Und das ist mir bis heute geblieben: Ich will immer helfen. Wenn einer auf Transport gegangen ist und ich habe es gesehen, dann habe ich dem auch geholfen, wenn ich konnte. Dann habe ich in der Bekleidungskammer geklaut, im Magazin, da war alles drinnen, auch Stiefel. Die habe ich dem dann gegeben. »Hier nimm mit. Du gehst auf Transport, Du brauchst die. Ich bin hier drinnen im Lager, ich brauche sie nicht.« Damit ihm vielleicht die Zehen nicht abfroren, da wo er hinkam, keiner wusste doch, wo die hinkamen und was sie da machen mussten ...

Sie sind mit Essen und Trinken in den Tod gegangen, meine Familie. Manchmal denke ich: »Hätte ich doch das nicht gemacht, hätte ich sie alle verhungern lassen. Dann wäre ihnen dieser letzte Gang, der Gang in die Gaskammer erspart geblieben.« Aber dann zwinge ich mich: »Lass das sein, Zilli! Dieser Gedanke, der bringt nichts. In dem Moment, wo du es gemacht hast, hast du nicht wissen können, dass es dann so endet. Es hätte auch anders gehen können. Es hätte doch sein können, die Russen wären schneller durchgekommen. Dann hättest du sie alle gerettet mit dem Essen, das du ihnen gebracht hast. Oder jemand hätte den Hitler noch rechtzeitig totgeschossen oder in die Luft gesprengt ...« Den Versuch gab es ja. Diesen Gedanken: »Hätte ich sie verhungern lassen, dann wären sie nicht ins Gas gegangen«, den muss ich mir verbieten. Der ist nicht erlaubt. Aber er kommt wieder und wieder – und das ist schlimm für mich, das quält mich.

KANADA

Einmal war ich sogar in der Wertsachenkammer, *Kanada* wurde die genannt; dort gab es Kostbarkeiten noch und nöcher. Und Kanada war doch immer schon so ein reiches Land, deswegen hieß das so. Da habe ich auch geklaut, in *Kanada*. Das kam so: Ich hatte im Lager eine Freundin, die war keine Sinteza, sie war als Polin in Auschwitz Häftling und hatte eine Funktion im »Zigeunerlager«. Ein weiblicher Funktionshäftling war sie. Die war nicht schlecht, das war eigentlich eine Gute. Die habe ich kennengelernt bei uns im Lager und wir wurden Freundinnen. Ich habe sie später in Ravensbrück wiedergetroffen. Da war sie meine Unglücksbotin. Und diese Polin war die Freundin von dem Effinger, einem ganz miesen Hund von der SS in Auschwitz. Die musste auch sehen, wie sie durchkam. Aber der Effinger, das war ... Das war kein Mensch. Das war der Teufel von Auschwitz. Er war verantwortlich für das Wertsachenlager. Und der hat einmal gesagt: »Kommt, ich nehme Euch dahin mal mit, da werdet Ihr Augen machen. Aber versucht nicht, was mitzunehmen. Ich ziehe Euch nackig aus, dass Ihr nichts klaut.« Ja, das hat er gesagt, der Effinger, und uns mitgenommen. Diese *Kanada*-Baracke, das war unbeschreiblich ... So was hatte ich noch nicht gesehen! Die Baracke war riesig. Und was für Reichtümer dort lagerten, kisten- und haufenweise! Nicht nur Juden haben sie die abgenommen, die wertvollen Sachen, den Sinti auch, alles! Viele Sinti hatten Gold, das war ihre Wertanlage. Gold war doch sicher. Deswegen hatten viele Sinti Gold und haben das dann natürlich mit nach Auschwitz genommen. Für den Notfall hatten sie sich gedacht. Aber das hat man ihnen alles abgenommen. Und das lag da jetzt in *Kanada*. Da konntest du gar nicht hinsehen, so hat das geglänzt. Man kann sich nicht vorstellen, was die den Menschen alles weggenommen hatten. Diese Geier!

Da sah ich einen Brillianten liegen, so groß wie mein Fingernagel. Ich habe mir gedacht: »Du kannst mich mal, Effinger!« und habe den mitgenommen. Ich habe ihn mir in den Mund gesteckt, damit er ihn nicht findet. Er hat uns dann aber gar nicht nackig ausgezogen. Den Brillianten, den habe ich später eingetauscht. Die Kinder bei uns hatten die Krätze, und ich kannte einen, der konnte *Mitigel* besorgen. Das ist ein Mittel, das hilft gegen Krätze. Dafür habe ich dem, das war ein Zivilarbeiter, den Brillianten gegeben. Ein anderes Mal habe ich dem Effinger Vitamine geklaut. Die hatte er bei sich im Schrank – und da konnte ich rankommen über meine Freundin, seine Geliebte, die Polin. Meine Schwester, die Guki, die lag im Krankenbau, und so konnte ich ihr da helfen, mit den Vitaminen vom Effinger. Wenn der mich erwischt hätte, hätte er mir den Kopf abgehackt. Das Schönste ist, der Effinger hat selbst geklaut in *Kanada*, aber wie! Der hat sich da alles Mögliche unter den Nagel gerissen und dazu seine Freundin oft mitgenommen – und dieses eine Mal eben auch mich. Ich weiß nicht warum. Zur Tarnung? Damit er sich nicht verdächtig macht, wenn er da allein rummacht? Dann ist er aber doch aufgefallen. Er ist geplatzt, weil er geklaut hat. Gestohlen aus reiner Gier. Ich habe das nicht verstanden, bei ihm ging es ja nicht ums Überleben, das war die reine Gier. Dann ist er weggekommen von Auschwitz. An die Front ist er dann gekommen, glaube ich, zur Strafe. Mich hatten sie auch gefragt – von der SS welche, ob ich weiß, dass der geklaut hat. Da habe ich gesagt: »Nein, ich habe nichts gesehen.« Hätte ich ja gesagt, dann hätten die mich umgebracht. Ich war jung, aber da war ich mal schlau, da war ich mal nicht dumm.

Der Effinger war nicht nur gierig, er war auch brutal, wenn ich sage: »Der Teufel war der«, dann meine ich das so. Der hat immer Frauen reingeholt zu sich, aus dem Lager. Ein Hund! Und oft hat er welche aufgerufen, hat sie nackig ausgezogen und sie tanzen lassen. Die schönsten Frauen: »Du, Du! Tanz mal!«, er hat sie tanzen lassen, fusel-nackig. Und dann hat er sie so, wie sie waren, rausgeschmissen in den Dreck. Und er hat Leute geschlagen, dass von denen fast nichts mehr übrig war. Pfui! Er hat mich manchmal geschickt zu den Sinti. Manche hatten bei sich noch ihr letztes Fitzelchen Gold versteckt und das hatte er rausbekommen. Er sagte dann zu mir: »Die und die Nummer aus diesem Block, sag', die sollen hierherkommen.« Ich musste sie holen und dann hat er ihr letztes bisschen Gold gefunden, ihnen das weggenommen und sie halbtot geschlagen. Solche Schläge, was die bekommen haben! Das kann man sich nicht vorstellen. Und das war nicht bloß einmal. Das passierte viele Male. Ich habe draußen gestanden und geweint. Da hat er mich weggeschickt. Das war der Effinger. Der schlechteste, den es gegeben hat, in Auschwitz. Der war der größte Teufel.

Und es gab da noch einen anderen Teufel, den König, ein SS-Rottenführer und Blockältester im »Zigeunerlager«. Es gab da bei uns eine junge, sehr hübsche Frau, Jenny hat die geheißen. Die wollte er haben. Aber die konnte er nicht haben. Sie war schon sozusagen an einen Anderen, aber einen Sinto, vergeben. Als sie bei dem gesessen hat, auf dem Bett, da hat der König durch die Barackenwand geschossen auf sie, ein Kopfschuss, ganz gezielt. Ich war damals krank und musste im Krankenbau bleiben und da lag die bei mir. Eine junge Frau, bildhübsch, die ist ein paar Tage später im Krankenbau gestorben an dem Kopfschuss.

MEIN KLEINER BRUDER LEBT NOCH!
Eine Zeitlang habe ich in Auschwitz im Kindergarten gearbeitet. Aber was heißt Kindergarten? Das hieß zwar Kindergarten, war aber gar kein Kindergarten, sondern ein Waisenhaus. Da wurden die kleineren Kinder betreut, die keine Eltern mehr hatten, und das waren ja viele. Dort arbeitete ich und dort hat mich drüben beim Zaun ein Kapo – ein Blockältester – gesehen. Der war auf der anderen Seite des Zauns, sah mich und fing an, mit mir zu schäkern. Da habe ich aber den Dimanski noch nicht gekannt. »Oh, Du bist aber ein schönes Mädchen. Du gefällst mir. Sag' mir doch, wie heißt Du denn?« »Zilli.« Jeder hat sich im Lager einen falschen Namen gegeben, aber ich, naiv und dumm wie ich war, sage dem »Zilli«. »Zilli! Du hast aber einen schönen Namen! Du bist aber ein schönes Mädchen!« Naja, gut und schön ... Ich genoss also jetzt dessen Aufmerksamkeit, da hat er mir Brot rübergeschickt. Ach! »Mama, Mama guck mal, ich habe wieder Brot für die Kinder!« Eine Freude! Meine Mutter hat sich so gefreut, dass ich etwas brachte ohne dieses lebensgefährliche Klauen. Ich verabredete mich jetzt mit diesem Blockältesten und bald kam er wieder zu mir an den Zaun, und da fragte er mich: »Hast Du einen Bruder?« Ja! Ich hatte noch einen Bruder in Auschwitz, das war der Jüngste, der Hesso. Der hat mir sehr geähnelt. Meine Mutter hat immer geweint um Hesso, ihren Jüngsten. Er war von uns weg in die Kompanie gekommen, er hat Strafkommando gekriegt, zum Arbeiten. Die gingen jeden Tag raus von Birkenau, um irgendwo in den Werken ringsherum zu arbeiten, Zwangsarbeit. Und dieser Mensch, der da jetzt ein Auge auf mich geworfen hatte, das war ein Kapo von dieser Strafkompanie, in der mein Bruder war, wie sich bald herausstellte. Meine Mutter, wir alle haben nicht gewusst, wo er geblieben ist, ob er noch lebt. »Hast Du einen Bruder?«, fragt der mich also. Da sage ich: »Natürlich hab' ich einen Bruder, aber wir wissen nicht, wo der ist. Wir machen uns solche Sorgen. Meine Mutter weint ständig

um ihn.« Der Kapo hat wohl unsere Ähnlichkeit bemerkt und gedacht: »Das könnte ihr Bruder sein, der ähnelt ihr so sehr.« Als wir klein waren, und auch in der Jugendzeit noch, haben wir uns so geähnelt, der Hesso und ich, fast zum Verwechseln. Der Kapo geht kurz weg, geht bei sich in den Block und ruft: »Zilli!«, und mein Bruder dreht sich natürlich um. Da weiß er, dass es mein Bruder ist, und er fragt ihn: »Hast Du 'ne Schwester?« Beim nächsten Mal bringt er meinen Bruder mit. Oh! Meine Freude! Meine Freude! Da steht er, mein Bruder! Mein kleiner Bruder Hesso! Aber er ist auf der anderen Seite des Zauns und kann nicht zu uns rüber. Der Kapo hatte mir wieder Brot rübergeschickt. Da sage ich zu meinem Bruder – in meiner Sprache: »Hesso, lauf' da runter, ich schmeiß' Dir das Brot rüber!« – dahin, wo der Kapo ihn nicht im Blick hat. Und so machen wir es.

Das kostet mich fast das Leben. Ein Wachposten vom Turm oben sieht das, wie ich das Brot rüberschmeiße. Sowas ist natürlich strengstens verboten: Brot übern Zaun werfen ... Der Wachmann schießt auf mich. Ich spüre, wie die Kugel an meinem Ohr vorbeischießt, bekomme einen Stoß und falle. Alles gleichzeitig: Kugel – Stoß – Sturz. Und ich lebe! Wieder verdanke ich mein Leben einem Kapo. Der steht hinter mir, erfasst blitzschnell, was passiert, und schmeißt mich hin. So rettet er mein Leben, sonst hätte mich die Kugel in den Kopf getroffen. Aber so ist sie bei mir vorbeigegangen. Da habe ich schon Gott bei mir gehabt, schon – oder wieder. Ich habe ihn schon immer gehabt, sonst wäre ich nicht rausgekommen. Ich war wenige Millimeter vom Tod entfernt. Direkt am Ohr ging mir die Kugel vorbei. Komisch, ich habe keine Erinnerung an das Geräusch dazu. Und komisch auch, dass ich danach weitermachte, als sei gar nichts passiert. Man denkt vielleicht, wenn man dann wieder aufsteht, dann weint man oder zittert, aber bei mir, nein, nichts sowas. Im Lager ist man abgebrüht. Man hat schon zu viel gesehen und kann sich keine Schwäche, keine Angst und kein großes Nachdenken erlauben. Das macht man einfach nicht. Ich stand auf, vielleicht kurz sowas gedacht wie »Das war knapp!«, aber sonst gar nichts. Ich bin dann schnell in meinen Block, da, wo ich, wo meine Familie untergebracht war. »Mama, Mama, ich weiß jetzt, wo der Junge ist, ich habe ihn gesehen, er lebt!« Meine Mutter – vor Freude – sie hat gelacht und geweint. »Der ist noch da, der Junge ist noch da!« Und bald habe ich ihn zu uns geholt. Ich bin dann öfters mit dem Kapo am Zaun in Berührung gekommen. Da habe ich dem gesagt: »Wir wünschen uns so sehr, dass der Hesso, mein Bruder, wieder zu uns kommt, dass wir wieder zusammen sein können.« »Schreib' mal Deine Nummer auf, Deine Häftlingsnummer!«, sagte der. Und ich bin ins Büro gegangen, da bei uns, und habe die Nummer abgegeben und wirklich: Der Junge kam rüber. Eine Freude war das. Da waren wir wieder alle zusammen. Am Ende ist Hesso dann rausgekommen mit mir. Er kam auch am 2. August 1944 weg von Auschwitz. Wir sind rausgekommen, aber ich kam nach Ravensbrück und er in ein anderes Lager, nach Buchenwald. Wir haben beide überlebt, aber wir haben uns erst Monate nach dem Krieg wiedergefunden.

»ICH MUSS MEINE GESCHICHTE ERZÄHLEN, AUCH DIE SACHEN, DIE NICHT SCHÖN SIND«

Der Wachposten, der da auf mich geschossen hat, das war ein Kroate von der Ustaša, das waren sozusagen die kroatischen Nazis. Davon gab es in Auschwitz viele. Und die gehörten zu den Schlimmsten. Die haben die kleinen Kinder, wenn die ein bisschen zu nah an den Zaun, an den elektrisch geladenen Zaun gekommen sind ... Ach, die haben da reingeschossen von oben, von ihrem Turm, reingeschossen von hinten, sodass vorne die Därme rauskamen. Kleine Kinder, drei, vier Jahre alt. Das habe ich einmal mit eigenen Augen gesehen, ein kleines schwarzes Mädchen. Das waren die Kroaten, die bei dem Hitler gedient haben.

Die anderen Kinder, die haben das natürlich auch gesehen, die standen daneben, sie spielten ja zusammen da am Zaun. Die sahen das auch, wie die Kleine dalag, das Blut und das alles aus ihrem Bauch. Die Kinder sind auseinandergerannt und haben geweint und geschrien. Aber bei mir innen drinnen passierte nichts mehr. Man könnte meinen, man müsste sich übergeben oder zusammenbrechen oder so, wenn man sowas sieht. War aber nicht so. Du wirst abgebrüht. Du nimmst von gar nichts mehr Notiz. Das interessiert dich nicht. Du denkst immer nur noch: »Weiter!« Das ist vielleicht nicht zu verstehen, aber so ist es. Da sind die Menschen gestorben, da hast du gar nicht mehr hingeguckt. Ich hatte zum Beispiel meine Tante, die hieß

Stewela. Das war meine Lieblingstante, von der Banko und vom Huschi, meinem gelähmten Cousin die Mutter. Die lag in einem anderen Block und war krank. Da habe ich mich immer zu ihr hingeschlichen und ein Stück Brot gebracht. Die ist gestorben, meine Lieblingstante, die hatte ich sehr gern, aber das geht dir so ... Es geht weiter. Es muss weitergehen. Und wenn du da zusammenbrichst, weil die Tante gestorben ist, oder tagelang trauerst, dann kannst du nicht weiter, dann geht es nicht weiter, dann hast du nicht die Kraft für weiter. Du wirst wie automatisch.

Es ist nicht möglich, das jemandem zu erklären, der nicht dort war, im Lager, was da passiert mit einem als Mensch. Wenn du da drin bist, gibt es irgendwann fast nur noch diesen einen Gedanken: »Es geht weiter.« Wenn einer das selbst nicht mitgemacht hat, kann er gar nicht mitreden. Was du da erlebst, wie du fühlst und was du fühlst. Da hast du gar kein Gefühl mehr. Und ich glaube, so war das bei den meisten, die da drinnen waren. Ich habe da diese Jungs gesehen. Diese jüdischen Jungs ... In den Gaskammern hinten waren doch immer junge Burschen, die da arbeiten mussten, die sind alle drei Monate dann auch mitvergast worden. Und von denen kamen auch welche zu uns ins »Zigeunerlager«. Die habe ich gesehen und nach drei Monaten sind sie selber vergast worden. Weil sie das in den Gaskammern gemacht und gesehen haben. Die Nazis wollten keine Zeugen hinterlassen, diese Dreckshunde, diese dreckigen Hunde. Das waren ganz junge Menschen, die sie da in den Gaskammern einsetzten, 16-, 17-Jährige. Die waren aber nicht komplett verrückt und fertig, als die zu uns kamen; nein, gar nicht! Die haben sich benommen wie normale Menschen. Haben sich unterhalten mit unseren Leuten. Die hatten das Schlimmste gesehen und gemacht, was man sich vorstellen kann, aber auch die machten einfach weiter danach.

Du hast da nicht nur kein Gefühl für die Sachen, die um dich herum passieren, das Sterben, die Gewalt, das Elend. Du hast auch kein Gefühl mehr für das, was mit dir selbst da passiert. Ich glaube, das ist es auch, was diese Beziehungen von Frauen, von Häftlingen, mit Kapos oder sogar mit welchen von der SS verständlich macht. Und das waren nicht wenige. Das war aus der Not. Sie dachten sich »weiter«. Und darum machten sie das. Als ich die Strafe bekam, weil ich beim Klauen erwischt wurde, drei Tage Stehzelle, das war eigentlich nicht zum Aushalten. Wie soll das einer aushalten? Drei Tage Stehen im Dunkeln, kein Mensch, nichts zu trinken, nichts zu essen, Toilette nicht. Ich habe es aber ausgehalten. Ich habe es überlebt. Du darfst nicht anfangen nachzudenken. Es tut zwar alles weh, der Körper, du hast Hunger und Durst und irgendwie auch Angst. Aber du darfst nicht anfangen nachzudenken, nicht denken: »Das ist ja schlimm. Warum bin ich hier? Ich habe solchen Durst. Überleb' ich das hier?« Ich hatte da keine Strategie – sowas, dass ich gebetet hätte, Gedichte aufgesagt gegen die Zeit da drinnen oder so, nichts. Ich habe gar nichts gemacht, einfach gewartet, dass es vorbeigeht. Mein einziger Gedanke war: »Wenn ich hier rauskomm', klau' ich weiter.« Ach. Der Körper muss das natürlich mitmachen. Wenn das nicht ist, kann man es nicht schaffen, aber ich war jung. Wenn man jung ist, hat man doch Kraft. Und den Willen habe ich auch gehabt. Und den Hass gegen die, die uns das da antaten, den habe ich auch gehabt. Und wenn man Hass hat, kann man viel ausrichten. Wer da drinnen nicht war und das nicht mitgemacht hat, der kann das nicht verstehen. Und trotzdem oder gerade deswegen muss man es erzählen, muss ich meine Geschichte erzählen, auch die Sachen, die nicht schön sind.

HILFE IN AUSCHWITZ

Untereinander konnte man sich gar nicht helfen, weil jeder arm war, Hunger und Durst hatte, da konnte man sich nicht helfen. Nicht, dass es da irgendein Misstrauen gegeben hätte unter den Häftlingen, nein, aber wenn jeder Hunger hat, jeder Durst hat, wo sollte die Hilfe denn herkommen? Aber ich habe es trotzdem gemacht. Es gab da im »Zigeunerlager« diesen Lagerältesten, Dimanski hieß der, Hermann, den habe ich kennengelernt und mit dem habe ich gelebt, ein Jahr in Auschwitz. Das war der Lagerälteste. Ab da, wo ich den kannte, haben wir keinen Hunger mehr gelitten. Meine Familie ist mit Essen und Trinken in den Tod gegangen. Ach, ich habe es schon gesagt, aber ich sage es nochmals: Manchmal habe ich diesen Gedanken: »Hätte ich sie doch lieber alle ...« Dann wäre ihnen das erspart geblieben. Dann wären sie nicht mehr ins Gas gekommen ...

Der Hermann war älter, zehn oder 15 Jahre war der älter als ich, ein Rotspanienkämpfer, ein Kommunist. Mit dem Flieger haben sie ihn zum Lager gebracht. Der war viele Jahre drinnen, in verschiedenen Lagern. Und schließlich, in Auschwitz, hat er mich kennengelernt. Warum weiß ich nicht – das hat Gott gemacht, das glaube ich ganz sicher. Erst, als ich ihn kennengelernt habe, war er nur Kapo. Er hat vielmehr mich, nicht ich ihn kennengelernt, da war er noch kein Lagerältester. Er kam bei uns ins Lager, bei uns in den Block, und da hat er mich kennengelernt. Er hat mich gesehen – ich war ein schönes Mädchen, ich habe ihm gefallen. Später, als Lagerältester, konnte der Hermann einiges bewegen, ohne allzu großes Risiko. Der hatte überall seine Leute sitzen. Das war ein guter Mann, der konnte keinem Menschen etwas Böses. Der hat mich zweimal weggeholt vom Vergasen. Ich habe zweimal auf einer Liste gestanden, wusste ich aber nicht. Erst hinterher. Er hat mit mir nie darüber gesprochen, was da im Lager vor sich ging, niemals. Am Anfang habe ich gar nichts gewusst, nicht wer er ist und was er ist, was genau er macht.

Ich habe hin- und herüberlegt: »Machst Du es doch oder machst Du es nicht?« Ich habe es doch gemacht. Das war eine Entscheidung aus Vernunft. Sonst nichts. Er war nicht besonders schön. Aber ich ekelte mich nicht vor ihm oder so was, er war ein sauberer Mann. Meine Mutter hat doch immer gesagt: »Zilli, eines Tages, machen die Dich tot. Weil Du klaust, wo Du ankommst.« Sie wurde fast verrückt aus Angst um mich. Ich habe dann immer gesagt: »Mama, die vielen Kinder.« Meine Schwester ... sechs hat sie noch gehabt, und mein Mädchen dazu, waren sieben Kinder, und dann die anderen kleinen Kinder auch noch, bei uns im Lager. Deswegen hat mir Gott den geschickt.

Aber ich und ein Gadjo, das war schlimm. Bei uns war das so: Mit einem Deutschen, einem Gadjo zu leben, das war nicht normal für die Sinti. Noch dazu war er ja so viel älter als ich. Wie sah das denn aus? Die Not hat das gemacht. Ich dachte: »Jetzt oder nie!« Also gut, mein Vater hat ihn dann respektiert und meine Mutter auch. Das war für mich wichtig. Aber wie hätten sie es auch nicht dulden können? Der hat zu essen gebracht. Meine Mutter, die war froh, dass die Zilli nicht mehr klauen muss. Ich konnte meiner ganzen Familie helfen, mit Essen. Und nicht nur mit Essen. Dem gelähmten Cousin, der bei uns im Block war, dem Huschi, und seiner Schwester. Den Huschi musste man nun nicht mehr zum Appell schleppen, sondern er konnte in seinem Block liegenbleiben. Alles das konnte ich bewerkstelligen. Natürlich war das in meiner Familie dann akzeptiert. Die haben verstanden, das ist eine vernünftige Entscheidung: »Die Zilli rettet damit ihr eigenes und weitere Leben.« Und wenn jenseits meiner Familie anfangs getuschelt wurde, bald war ich wie eine Heldin für die. »Guck mal die! Wie die für ihre ganze Familie sorgt!« Dass Deutsche mit Sinteze zusammenlebten, war im »Zigeunerlager« keine Seltenheit. Die meisten hatten da im Lager eine Freundin, eine Sinteza. Das waren keine normalen Umstände. Keiner kann sich das vorstellen, der da nicht gewesen ist. Wenn ich an die Kinder denke ... ach ... Die haben da den ganzen Tag gar nichts gemacht, hatten nichts zu tun, nichts zu spielen, die sind rausgelaufen vom Block, weil es drinnen doch noch langweiliger war. Die vielen Menschen überall – und kein Platz und kein Licht ... Die rannten raus zum Spielen und dann wurde auf sie geschossen.

Der Hermann hatte anfangs als Kapo so eine abgetrennte Kammer im Block und da war ich dann oft. Dass er eine Geschichte mit einer »Zigeunerin«, mit mir, hat, das haben sie alle gewusst, die da was zu sagen hatten. Das hat die SS gewusst und erlaubt. Aber dass er uns mit Essen versorgt hat, meinen Verwandten geholfen hat, was er alles für uns getan hat, diese Vorteile, das haben die nicht gewusst. Wenn das rausgekommen wäre, hätten die ihn umgebracht. Und auch von unseren Leuten wussten das alle. Da kamen sie dann manchmal – Menschen aus meiner weiteren Verwandtschaft: »Ach liebe Zilli, ich hab' solchen Hunger!« Denen habe ich dann auch noch geholfen. Das war dann ein Jahr, ich könnte sagen, ein gutes Jahr. Es war aber kein gutes Jahr, aber da habe ich keine Sorgen mehr gehabt mit Essen und Trinken.

So habe ich viele gerettet, auch meinen Cousin, dessen Tochter wohnt hier, den wollten sie umbringen. Der Hermann hatte da einen Freund in Auschwitz auf einem wichtigen Posten. Damit ich nicht verstand, was sie redeten, sprach er Englisch mit dem. Auf einmal höre ich das Wort *Haso*. Ich habe gleich gemerkt: »Da stimmt was nicht.« Da habe ich ihn gefragt: »Hast Du nicht gerade Haso gesagt? Das ist mein Cousin, dessen Namen Du jetzt sprichst.« Sie sagten, der wäre ein Spion, weil er vom Stammlager ins »Zigeunerlager« gekommen war – und darum wollten sie ihn umbringen. »Der ist hier rübergekommen,

Lampen zu bauen.« Das haben die so im Lager gesagt, das war ein Geheimwort: »Lampen bauen«, das heißt ausspionieren. Da habe ich mich hingekniet vor den Hermann: »Das ist mein Cousin. Der macht das nicht. Das garantiere ich Dir, dass er das nicht macht.« Ich habe geweint und gefleht. Der Hermann hat dann irgendetwas veranlasst. Jedenfalls wurde mein Cousin nicht umgebracht, und so habe ich ihm wohl sein Leben gerettet. Dem Haso sein Mädel lebt noch, die Aileen. Und die Mutter vom Haso war von meinem Vater die Schwester.

Und noch einmal konnte ich welchen helfen, wo ich wieder vorher davon hörte, und ihre Namen sind dann nicht auf den Listen erschienen – und sie wurden nicht umgebracht. Ich konnte auch machen, dass einige meiner Cousins gute Posten bekamen, die haben nicht gehungert. Dafür habe ich gesorgt. Und dadurch, dass die in diese Posten kamen, konnten die ihrerseits auch wieder helfen. Meine ganzen Cousins, die dann versorgt waren durch mich, die waren mir alle dankbar, nach dem Lager. Die haben alle noch gelebt.

Der Hermann hat auch Gretel gekannt. Er hat natürlich gewusst, dass ich mein Mädchen habe. Aber direkter Kontakt, der war nicht so groß. Das wollte ich auch nicht. Er konnte am Ende kein Kind retten, auch meines nicht. Wie ich später gehört habe, als das mit dem »Zigeunerlager« geschehen ist, als sie alle vergast wurden, da wollte er mein Mädchen retten, ist ihm aber nicht mehr gelungen, und er hatte dann einen Nervenzusammenbruch. Ach! Er war nicht böse, er war gut! Nach dem Krieg hat er nach mir gesucht, der war richtig verliebt in mich. Ich war für ihn nicht nur so ein Zeitvertreib. Der hatte eine richtige Leidenschaft für mich. Aber geheiratet hätte ich ihn nie, niemals. Der wollte mich schon haben, aber ich ihn nicht, ich nicht, nein. Das war Not. Er hat uns geholfen. Ich habe ihn gerngehabt, aber Liebe war es nicht, woher denn?

Nach dem Lager, viel später, als ich schon hier in Mannheim richtig wohnte, und auch viele andere Sinti, da passierte es immer mal wieder, dass sich einer erinnerte, dass ich ihm damals im Lager etwas gegeben hatte. An einen erinnere ich mich noch ganz besonders, den Heino: »Zilli, weißt Du noch, wie Du mir das Weißbrot gegeben hast? Du hast gesagt ›Gib der Familie auch was ab‹, aber ich hab' nichts abgegeben, ich hab' alles allein aufgegessen«, das hat er mir gestanden, Jahrzehnte später.

Weil er so einen Hunger hatte. Was ich da geholfen habe, das haben auch nachträglich viele nicht vergessen. Hier in unserer Gemeinde ist einer, der sagte vor einigen Jahren zu mir: »Zilli, wenn Du nicht wärst, wäre mein Vater gestorben.« Ich weiß gar nicht, wer der Vater war. Wieso ich so was getan habe, das kann ich gar nicht richtig sagen. Ich wollte helfen, deshalb habe ich erst geklaut und mich dann für diese vernünftige Lösung mit dem Hermann entschieden. Als Kind war ich gar nicht mutig oder unerschrocken oder irgendwie quer. Ich bin erst im Lager so geworden.

WIDERSTAND

Sie wollten uns eigentlich schon vorher alle umbringen. Schon vor dem 2. August 1944 wollte die SS das. Irgendwann wollten sie das gesamte »Zigeunerlager« auflösen. Aber da machten die Häftlinge einen Aufstand; das waren die Deutschen, die Sinti. Die Blockältesten und die, die da das Sagen hatten, die wollten das nicht, die haben irgendwie Wind davon bekommen. Sie wussten, was die planten von der SS. Da haben sie Gewehre gesammelt und Gegenstände, die man als Waffen benutzen konnte. Um sich zu wehren. Aber so weit ist es nicht gekommen, es kam nicht zum Kampf. Die SS hat erst einmal abgelassen, als sie merkten, dass die Sinti sich wehren würden. Dann haben sie sie alle abgeschoben, die ganzen Blockältesten, die, die sich wehren konnten, alle. Auch die Lagerältesten, die ihnen geholfen hatten, die sind dann alle abgezogen worden. Die alle, die Funktionäre. Kann sein, dass der Dimanski, der Hermann, irgendwas damit zu tun gehabt hatte, dass das durchsickerte, dass das Lager aufgelöst werden sollte. Er wusste was und deswegen habe ich gewusst, dass die Sinti Waffen hatten. Ich weiß nicht, ob er einer von denen war, die den Männern gesagt haben: »Hier wird bald etwas passieren. Bereitet Euch besser vor.« Ob er eine der undichten Stellen war, die das durchgereicht haben, das kann ich nicht sagen. Jedenfalls wurde er dann von seiner Funktion entfernt. Aber wir sind erstmal nicht vergast worden. Schon lange war unser Lager zum Vergasen vorgesehen. Aber weil sie sich gewehrt haben und die SS überrascht war, sind die dann abzogen. Und dann haben sie alle, die wehrfähig waren, die jungen Leute, alle weggebracht.

QUARANTÄNELAGER

Vor dem 2. August war ich schon im Quarantänelager, im Stammlager in Auschwitz. Da waren wir ein paar Wochen vorher hingekommen, kurz nach dem Aufstand im »Zigeunerlager«. Immer wieder kamen noch welche aus dem »Zigeunerlager« dahin. Aber von meinen Lieben kam nie einer mit. Da war auch der Trainer von Max Schmeling. Der war da in Auschwitz, im Stammlager, warum weiß ich nicht. Im Quarantänelager war neben dem Block, auf den wir schauten, die *schwarze Wand*. Von meinem Block konnte ich runtersehen auf einen Platz, da haben sie ihre eigenen Menschen erschossen. Da haben sie die alle erschossen, mit Genickschuss, ihre Soldaten, eine ganze Kompanie manchmal – und wir haben da runtergesehen, da konnte man zusehen. Das glauben sie heute alle nicht, aber das war so, ich habe das gesehen mit eigenen Augen. Die *schwarze Wand* hat man diesen Erschießungsplatz genannt. Das haben wir mitgekriegt, und auch darüber gesprochen, aber was kann man dagegen machen? Gar nichts, da hat man sich gewundert, dass das überhaupt passiert, ihre eigenen Menschen, viele Menschen, einfach erschossen. Soldaten! Da waren auch Soldaten dabei, die nicht mehr mitmachen wollten bei den letzten Gefechten, Deserteure.

2. AUGUST 1944

Schließlich ging es raus aus dem Quarantänelager, wieder in einen Zug. Dieser Zug fuhr dann nochmal am »Zigeunerlager« vorbei. Oben war das Gleis mit dem Zug, unten das Lager. Da habe ich zuerst meine Schwester gesehen. Und dann sah ich sie alle: Gukis Kinder, meine Mutter und meinen Vater mit Gretel. Der Zug hielt, die Türen wurden geöffnet, ich bin ausgestiegen und rausgerannt. Ich wollte zu ihnen, zu meiner Familie, zu meinem Kind zurück. Doch da kam mir der Mengele entgegen. Der hatte aber Urlaub, wenn er im Dienst gewesen wäre, wäre meine Familie vielleicht rausgekommen. Der Mengele, der kannte uns, der hat gewusst, dass mein Bruder in Wehrmachtsuniform nach Auschwitz gekommen ist. Der hätte doch was machen können, wir waren doch Wehrmachtsangehörige ...

Der Mengele kam ja fast jeden Tag zu uns in den Block, in die Ecke zu mir, weil ich Blockschreiberin war, zur Abnahme. Ich wurde Blockschreiberin, weil niemand anders mehr da war. Erst machte das mein Schwager, von meiner Schwester Guki der Mann, Gal Jungo. Der war doch so schriftgelehrt, klug und geschickt. Der ist dann von Auschwitz weggekommen in ein anderes Lager. Das war der, der mit meinem Vater Wohnwagen und Öfen gebaut hat. Als der weg war, mein Schwager, bin ich dahin gekommen, in seine Funktion. Da wurde ich die Schreiberin von Block 6. Eine Blockschreiberin muss alle Namen in ein Buch eintragen, das vorne ausliegt. In dem Buch muss genau drinstehen, wer drin ist in der Baracke, und das musste ich kontrollieren. Das war alles, weiter machte ich nichts. Aber der Mengele, der kam immer in die Ecke zu mir.

Der Mengele hatte immer ein besonderes Interesse an uns. Meine Gretel war ganz blond und hell. Da fragte er immer: »Ist das eine Zigeunerin?« Ich sagte ihm dann: »Das ist mein Kind. Wenn ich eine Zigeunerin bin, dann ist sie auch eine.« Ich wollte am 2. August zu meiner Familie zurück, aber der Mengele hat mich nicht gelassen.

Da waren nur Sinti im Lager, es hätte uns doch auffallen müssen, dass sie uns umbringen wollen, auch nach dem Aufstand. Ich habe auch nicht gewusst, dass wir ... dass sie vergast werden. Keiner hat es gewusst, deswegen hat doch mein Vater mein Kind behalten am 2. August, als ich wegkam. Die haben gedacht, sie kommen nach Lackenbach in ein »Zigeunerlager«, Lackenbach in Österreich. Das haben sie den Sinti gesagt, die im »Zigeunerlager« da in Auschwitz geblieben sind. Und ich wollte zu ihnen, zu meiner Familie, zu meinem Kind, zurück. Aber dann kam der Mengele, er hat mich nicht gelassen. Er hat mir die Ohrfeige gegeben und mein Leben gerettet, aber er hat mir damit keinen Gefallen getan ... Ich bin eingestiegen in den Waggon, dann sind wir nach Ravensbrück gefahren, an diesem 2. August. Die, die dageblieben sind, haben sie umgebracht. Alle.

Mein Vater hat gedacht, er rettet mein Mädchen, wenn er es dabehält. Wenn ich mich durchgesetzt hätte ... wenn ich mein Kind mitgenommen hätte ... Aber mein Vater hat gesagt – ich hatte ihn noch nie weinen sehen – er hat geweint, mein Kind festgehalten, und gesagt: »Zilli, ich weiß nicht, wo Du hinkommst. Vielleicht kommst Du um mit der Gretel, lass mir mein Kind da.« »Mein Kind«, sagte er ... Ja, das war sie. Er hatte sie ja großgezogen, weil ich so furchtbar jung und mir das alles zu viel war, als sie zur Welt kam. Ich habe sie dagelassen. Ich frage mich wieder und wieder, wann meinem Vater wohl klar wurde, dass das ein Fehler war. Wie dieser 2. August dann weiterging, in den Stunden nach unserer Abfahrt, ab wann er dachte: »Hätte ich der Zilli das Mädchen nur mitgegeben ...« Aber da war es zu spät, die sind alle verbrannt worden.

»MAMA, DA HINTEN WERDEN WIEDER DIE MENSCHEN VERBRANNT«

Der Block 6 war der letzte Block ganz unten. Ich sehe das alles noch vor mir, als wäre es gestern gewesen. Da waren so viele Kinder. Allein meine Schwester hatte ja sechs dort. Ach, die armen Kinder sind alle mitgegangen, die hatten Angst, haben geweint, aber was passiert, haben sie nicht gewusst, das haben nur die Eltern gewusst. Bei uns war der Ofen nicht weit, vom Block 6 konnte man hinsehen auf den Verbrennungsofen. Doch die Erwachsenen sprachen natürlich nicht darüber. Aber mein Mädchen, da war sie gerade vier, die hat immer gesagt: »Mama, Mama, da hinten werden wieder die Menschen verbrannt!« Sie hatte was mitgekriegt, aber nicht von mir. Dann habe ich gesagt: »Nein Mutti, da backen sie doch nur Brot.« Das war mein Kosename für sie, *Mutti*. Das machte man manchmal so bei den Sinti, dass man seine Tochter *Mama* oder *Mutti* nennt oder den Sohn *Tata* – Papa. Das ist besonders liebevoll. Aber sie blieb dabei: »Nein Mama, da werden die Menschen verbrannt.« Mit ihren vier Jahren hat sie das gewusst. Das hat sie bestimmt gehört, wenn die Kinder unter sich redeten: »Was machen die da hinten?« Da ist das irgendwie aufgekommen, dass sie die Menschen verbrennen ... und dann sind sie später selber alle dahin gegangen. Ja.

Ich habe die Gretel so gerngehabt. So lieb war sie. So lieb. Sie war immer ein ruhiges Mädchen. Sie hat nie Unsinn angestellt, war ganz anhänglich, ernst und klug. Wenn ich darüber nachdenke ... Schmerz. Eigentlich soll ein Kind, so ein kleines Kind, doch lustig und frei sein. Die Gretel war so, weil sie in Gefängnissen und in Lagern großgeworden ist. Aber großgeworden ist falsch. Sie ist nicht großgeworden. Sie haben sie umgebracht, da war sie erst vier Jahre und drei Monate alt. Seit sie zwei Jahre alt war, kannte sie nur das Leben in Gefängnissen und Lagern. Sie ist mit meiner Familie aus Metz auf Transport gekommen und dann war sie da überall mit meiner Mutter in den Gefängnissen und dann in Lety und am Ende in Auschwitz. Und da hat sie … Ach … Sie hat immer gesungen, in den Gefängnissen und auf Transport, die Gretel, mein Mädchen. In den Gefängnistransporten, in diesen Gefangenenwagen gab es so kleine Kabinen, nicht Kabinen, Zellen waren das. Und da haben sie das Kind rausgeholt. Die von der Wachmannschaft haben sie immer rausgeholt, weil sie so goldig war. Die haben sie zu sich geholt – und das Mädchen hat für die gesungen. Auf Tschechisch. Für die SS-Männer hat sie auf Tschechisch gesungen. Das hat meine Mutter mir in Auschwitz erzählt. Und da komme ich nicht drüber hinweg. Damit werde ich nicht fertig. Damit kann man nicht fertig werden. Will ich auch nicht.

Als ich in Ravensbrück von der Polin gehört habe, dass das ganze Lager in Auschwitz vergast worden ist, bin ich umgefallen, habe geschrien, was aus mir rauskam. Und ich habe gebetet: »Lieber Herr Jesus Christus, hättest Du mir doch mein Kind gelassen. Meine Eltern waren schon alt.« Ich habe mein Kind meinen Eltern vorgezogen. Das hätte ich nie gedacht. Meine Eltern waren meine zwei Augen, aber mein Kind war mir mehr. »Herr Jesus! Gib mir nie wieder Kinder!« Er hat mich beim Wort genommen. Ich habe keine. Ja.

Ich habe aber jetzt die Renate, ihre Kinder, ihre Enkelkinder. Ich habe wieder eine Familie, ich finde immer wieder welche.

NACHDENKEN

Damit soll man fertig werden, kann man doch gar nicht. Da musst du doch einen oben weghaben. Dass ich überhaupt noch normal im Kopf bin, das wundert mich. Ich kann sie nicht vergessen. Gretel. Und wenn ich jetzt an sie denke, dann sind da die wenigen Jahre, vor allem die Monate in Auschwitz, die ich mit ihr zusammen war, mit ihr gelebt habe. Und dann sind da die Fragen: »Wie ist sie dahin gekommen? An der Hand meines Vaters? Hatte er sie auf dem Arm?« ... Ach, ich kann diese Fragen nicht aushalten und nicht loslassen. Manchmal denke ich auch, wie sie jetzt wäre, wenn ich sie noch hätte, sie wäre jetzt selbst eine alte Frau ... Dieses Jahr wäre ihr 80. Geburtstag ... und dass ich jetzt vielleicht viele Enkel hätte. Das wäre schön. Aber dann denke ich wieder: »Vielleicht hat sie es besser als ich, sie ist bei unserem Herrn, sie ist im Himmel.« Gott hat gesagt: »Lasset die Kinder zu mir kommen«, das steht in der Bibel. Das denke ich, das alles. Es ist gut, dass ich aus meinem Glauben diese Hoffnung, diese Art Trost schöpfen kann. Ich bete immer, ich sage: »Herr, Du hast gesehen, was meine Familie mitgemacht hat, hoffentlich hast Du sie bei Dir, Du bist ein gerechter Gott.« Wenn ich so denke, dann habe ich eine Art Frieden. Nicht mit dem, was passiert ist, aber mit mir.

Aber ich komme heute noch nicht drüber weg. Jetzt ... die vielen Jahre ... so lange ist das schon her ... Ich laufe oft hier rum, in meiner Wohnung, rauche Zigaretten und ... weine. Nachts. Dann bin ich in Auschwitz, dann sehe ich das alles wieder ganz genau, wie es da zugeht, dass wir alle nackig ausgezogen werden, ach ... Kind und Kegel nackig. Das ist für die Sinti so beschämend. Die schämen sich so, das ist so bei uns, das ist es heute noch, obwohl die Jugend jetzt schon ein bisschen anders ist. Aber eine große Scham was Nacktheit betrifft, ist immer noch da. Mehr, ich glaube mehr als in jeder anderen Kultur, empfinden die Sinti diese Scham. Ich kann nicht aufhören, mir das alles ganz genau vorzustellen, bohrende Fragen nach den letzten Stunden ... meine Mutter, was sie empfand, ihre Angst ... Sie hat noch Goldzähne gehabt, die haben sie bestimmt rausgebrochen ... Das haben sie doch alles eingesammelt.

Das Verrückte ist, kurz nach dem Lager war es nicht so stark, da habe ich auch an meine Familie gedacht, normal. Aber jetzt, wo ich alleine bin, ist es viel schlimmer. Das mit den Depressionen in den allerersten Jahren war auch schlimm. Ich konnte nicht schlafen, ich konnte nichts essen, ich konnte gar nichts und war immer weg. Wie eingekapselt in mir selbst. Ich wollte nicht mehr leben, und es war mir alles zu viel. Ich wollte nicht mehr. Ja, das sind Depressionen, das war furchtbar für mich. Der Toni, mein Mann, hat mich dann zum Arzt gebracht und da habe ich Tabletten gekriegt. Die haben mir geholfen und ich bin wieder raus aus diesem Loch. Und dann ging es viele Jahre ganz gut, auch wenn das nie ganz vorbeigeht. Das kommt wieder. Ich nehme auch heute, so viele Jahre danach, noch immer Tabletten dagegen. Und jetzt, mit 95, und auch die letzten Jahre schon, nachdem Toni gestorben war und mein Bruder, habe ich Zeit zum Nachdenken. Dafür hat man früher keine Zeit gehabt, da hat man gesehen, dass man durchs Leben kommt, dass man Geld verdient, dass wir gut leben können. Aber jetzt, jetzt braucht man das nicht mehr. Ich komme aus, ich habe Essen und Trinken, mehr brauche ich auch nicht. Der Toni, der war ein großer Baum, an dem ich mich festhalten konnte. Aber jetzt ist der weg – und ich bin allein. Das ist sehr schwer für mich. Ich bin allein und habe die Zeit zum Nachdenken. Und das mache ich jetzt. Und deswegen schlafe ich manche Nächte nicht, da bin ich immer in Auschwitz.

KRIEGSENDE

RAVENSBRÜCK

Ich bin dann am 2. August 1944 von Auschwitz nach Ravensbrück gekommen. Kurz nach mir kam meine Freundin, die Polin, die Freundin von dem Effinger, auch dorthin. Und die sagte zu mir, als wir uns dort wiedertrafen: »Zilli, weißt Du, dass sie alle vergast worden sind? Sie haben das ganze Zigeunerlager vergast.« Da habe ich gesagt: »Hilfe!« – und bin umgefallen. Zusammengebrochen. Da haben die Nerven nicht mehr mitgemacht, als ich das gehört habe. So habe ich erfahren, dass meine Familie umgebracht worden ist. Wahrscheinlich alle. Später – die Monate danach – habe ich immer versucht, mir einzureden, dass vielleicht nicht alle, dass vielleicht einer von denen doch überlebt haben könnte. Aber ich wusste das eigentlich schon sehr früh und sehr sicher: Meine Familie, sie waren alle tot. Ermordet.

HÄFTLINGE

In Ravensbrück waren wie auch in Auschwitz viele verschiedene Häftlinge. Auch hier traf ich politische Häftlinge. Die hatten einen roten Winkel und die Schwulen einen rosafarbenen. Die Gruppen hatten alle unterschiedliche Winkel: die Zeugen Jehovas lila und die Sinti schwarz, den schwarzen Winkel der »Asozialen«. In Ravensbrück gab es viele schwule Funktionshäftlinge, überhaupt viele Schwule, und auch viele Zeugen Jehovas. Die haben sich für ihren Glauben aufhängen lassen, die hätten bloß sagen müssen: »Wir gehen ab von unserem Glauben«, da wären sie entlassen worden. Nein, das haben sie nicht gemacht, die haben sich aufhängen lassen. Die haben an ihrem Glauben festgehalten. In Ravensbrück waren die Zeugen Jehovas sehr stark vertreten, die waren streng gläubige Menschen. Das waren die besten Menschen, die Zeugen Jehovas. Die waren nicht nur für sich selbst gut. Manchmal haben die in Ravensbrück – ich habe immer geweint vor Hunger, da haben wir doch so wenig zu essen gekriegt – da haben die von ihren Broten Kuchen gemacht und gaben mir davon ab. Ich kam manchmal bei ihnen vorbei, da winkten sie mich zu sich: »Ach, komm her, nimm auch ein Stück!« Da durfte ich mitessen. Ich habe keine Ahnung, wie sie das gemacht haben: Kuchen aus Brot. Aber sie haben es jedenfalls gemacht. Die haben alles zusammengelegt, was sie hatten – und so wurde es wie ein Kuchen. Und den haben sie mit mir geteilt. Das waren für mich die wertvollsten Menschen, die Zeugen Jehovas mit ihrem Glauben. Später, in Mühlheim an der Ruhr – als ich da gelebt habe – da kam immer eine zu mir an die Tür. Mit der habe ich mich manchmal lange unterhalten. »Ach, kommen sie doch mal zu uns!«, sagte die oft. Gleich hinten, nicht weit von wo ich da wohnte, war ihre Gemeinde. Das war ein sehr schönes Haus, das sie hatten, fast wie ein Schloss. Viele von denen waren reiche Menschen, keine armen. Ich bin nie hingegangen. Ich war damals in Mühlheim schon bei den Freien Christen und habe natürlich auch Gespräche gehabt mit dieser Frau von den Zeugen Jehovas über wie und was ich glaube und was sie. Und die Unterschiede sind schon sehr groß. Das passte im Glauben nicht zusammen. So sehr ich sie im Lager bewundert habe, in manchen Dingen geht mir das zu weit. Die nehmen zum Beispiel kein Blut, keine Blutspende, und sterben dann lieber.

FLUCHT II

Von Ravensbrück sind wir in die *Arado*-Werke Wittenberg an der Elbe gekommen. Das war ein Außenlager. Da haben wir gearbeitet, da mussten wir arbeiten. Zwangsarbeit. Ich und meine Cousine Tilla. Es gibt ein Foto von uns beiden aus der Zeit, bevor ich verhaftet wurde. Es ist in Prag aufgenommen worden, da war die Gretel noch nicht auf der Welt. Da waren wir mit dem Wagen, meine Familie und auch die Tilla mit ihrer. Da war ich mit ihr in der Stadt unterwegs und da kam ein Mann und hat gefragt, ob er uns fotografieren darf. »Was willst Du denn mit dem Foto?«, habe ich den gefragt. »Ich mache Euch einen schönen Abzug davon.« Daher stammt das Bild. Als wir zur Zwangsarbeit in die *Arado*-Werke kamen, da waren wir schon am Sterben, wir beide, so wenig zu essen und alles …

Normalerweise wäre es wohl so gekommen, dass ich in Wittenberg entweder verhungert oder befreit worden wäre. Aber ich wollte nicht warten, wollte mein Schicksal lieber selbst in die Hand nehmen – und so bin ich noch mal weggelaufen. Ich war doch immer am Laufen, habe doch immer geguckt: »Was kann ich machen, wie komm' ich hier weg?« Es gab dort bei *Arado* einen Zivilarbeiter, ein lieber Mensch. Der hat mit uns gearbeitet – mit meiner Cousine und mir, an einem Tisch. Die Zivilarbeiter haben selbst nichts zu essen gehabt draußen, aber wenn der mal ein bisschen was gehabt hat, hat er uns was abgegeben. »Da Kinder, da unten, unter den Tisch, habe ich was reingestellt.« Irgendwann hat er zu mir gesagt: »Wisst Ihr was, Mädchen, haut ab! Das hier überlebt Ihr nicht.« Der hat uns halt gerne gehabt, das war ein älterer Mann. Der hat vielleicht auch eine große Familie gehabt, hat selber nicht viel gehabt ... Das war am Ende vom Krieg. »Wie sollen wir hier rauskommen, alles Zaun, hier ist doch Draht ringsherum, elektrisch geladen?«, habe ich ihn gefragt. »Mädchen, nein, um die und die Zeit ist da kein Strom drin. Da wird er abgeschaltet.« Das hat der alles gewusst. Aber außerdem haben wir doch gekennzeichnete Kleidung gehabt, mit solchen Streifen hinten drauf. Aufgemalt mit Farbe. Damit wir abhauen konnten, hat er uns sogar Kleider gebracht; die hat er unter die Werkbank gelegt, da sagte er wieder: »Kinder haut ab, Ihr kommt um hier drinnen.« Und ich habe wieder gesagt: »Wir können doch nicht raus.« Er hat uns beschrieben, von welcher Seite des Lagers wir rausmüssen: »Da unten ist ein Loch, eine Kuhle, da kriecht Ihr durch und dann seid Ihr in Freiheit.« So haben wir es gemacht. Ich und die Tilla ... natürlich! Da haben wir es riskiert – und geschafft.

Wir haben es geschafft, da rauszukommen, und dann ab, ab, ab, ab, rennen, rennen, rennen! Ich und die Tilla. »Wohin jetzt?« Wir sind auf einen großen Berg gerannt. Wann war das bloß? Wann sind wir abgehauen? Da war es noch kalt – oder war es wieder kalt? Herbst war, glaube ich. Irgendwann sind wir auf diesen großen Berg oder Hügel gerannt und konnten nicht mehr. Da haben wir uns unter einen Baum gesetzt. Ich habe schrecklich gefroren, kalt war es, sehr kalt. Wir sind eingeschlafen vor Kälte. Am frühen Morgen gehen auf einmal meine Augen auf, ich gucke und denke, mich rührt der Schlag: »Was war das?« Ich habe gesagt: »Tilla, wach auf! Guck mal, wo wir hier sind!« Alles Flieger! Fliegersoldaten, Luftwaffe! Die haben uns nicht bemerkt, alles Flieger, haben uns nicht bemerkt, oder vielleicht doch bemerkt, aber jedenfalls haben sie getan, als wenn sie uns nicht sehen. Unten haben wir die Hunde gehört, die uns gesucht haben. Aber da oben hätten die uns nie vermutet. Weil ja die Flieger da waren. Gott half uns. Und da oben haben wir gesessen – ich und die Tilla unter dem Baum. Fast erfroren, aber unentdeckt von den Wachmannschaften, die uns suchten. Am anderen Morgen sind wir wieder weiter. Am nächsten Tag haben wir bei einem Bauern geschlafen. Da bin ich aufgefallen mit der Nummer, aber ich konnte mich nochmal rausreden, dass das angeblich die Feldpostnummer von meinem Verlobten ist. Da habe ich gesagt:»Tilla, jetzt schnell weg, sonst sind wir dran.« Dann sind wir gelaufen bis Berlin, das war nicht so weit weg. Ich hatte einen Onkel dort, in Marzahn. Das war mein Onkel Bawo, von meinem Vater der Bruder, und der hat mit meinem Vater in Auschwitz noch Kontakt gehabt. Deswegen wusste ich das, dass der da noch war, in Berlin. Marzahn, das war ein»Zigeunerlager«, das die Nazis schon 1936 gemacht hatten. Da war mein Onkel Bawo noch drin. Fast alle waren 1943 nach Auschwitz gekommen, aber mein Onkel gehörte zu einem letzten kleinen Rest, der da noch war. Er musste arbeiten für die *Organisation Todt*, das war Zwangsarbeit. Wir sind also zu Fuß nach Berlin gelaufen und kamen zu meinem Onkel. Ach, eine Freude! Der hat gesagt:»Zilli, weißt Du, was Du jetzt machst? Du gehst aufs Flüchtlingsamt und holst Dir einen Ausweis.«»Aber lieber Onkel, die bringen mich doch um.« Es war Fliegeralarm, wir konnten nicht raus. Und als es vorbei war, schon abends, sagte er zu uns:»Bleibt bloß hier drinnen, Mädchen, hier sind welche auf dem Platz, die Euch vielleicht verraten. Man kann hier nicht jedem trauen.« Also blieben wir bei ihm in der Baracke, in der er mit seiner Frau und der Tochter lebte. Und am nächsten Morgen, tap – tap – tap, haben wir uns so unauffällig wie möglich zum Flüchtlingsamt geschlichen. Die Zilli natürlich, die Schlaue, denkt sich einen besonders originellen Namen aus. Der Mensch dort fragt mich:»Ja, wie heißen Sie denn?«»Zilli ... äh, Renate Müller.« Ich sei Renate Müller, sagte ich dem. Und die Tilla dann:»Else Müller«. Ich weiß nicht, wie ich darauf gekommen bin.

Mein Onkel hatte mir gesagt, wo gerade die Bombardierungen waren, von wo sie alle geflüchtet sind, aus Küstrin an der Oder. Ich gab mich als Ausgebombte von Küstrin aus. Haben die alles geglaubt. Dann haben wir Papiere als Flüchtlinge gekriegt. Ich hatte wieder einen Ausweis – ein Dokument ohne Hinweis darauf, wer oder was ich wirklich war. Und die Tilla auch. Da waren wir gerettet. Die haben sich auf dem Flüchtlingsamt gar nicht gewundert, wie wir aussehen. Das war doch die letzte Zeit vom Krieg, da war sowieso schon alles durcheinander.

BANGEN UM DIE FAMILIE

Dann sind wir von Berlin – mit diesem sicheren Ausweis – nach Österreich. Ich und die Tilla. »Tilla, was machen wir jetzt?« Es war Krieg noch. Aber ich war doch immer so unternehmungslustig, da habe ich gedacht, wir gehen nach Wien. Dann haben wir zugesehen, dass wir dahin kommen. Wir hatten nichts, kein Geld oder sonst etwas. Wir sind fast hingekommen. Immer mit Zügen – mit Personenzügen – die da noch gegangen sind, sind wir mitgefahren. Dann sind wir gelandet in einem kleinen Dorf vor Wien. Schrick hat das geheißen. Und dann wieder die Frage: »Tilla, was machen wir jetzt?« Wir haben sehen müssen, dass wir arbeiten. Da gab es viele Weinbauern. In einem Dorf haben wir was gefunden. Bei einem Geschwisterpaar. Ich bei der Schwester, das war eine Altledige, und Tilla bei dem Bruder nebenan, der hatte nur ein Bein. Es war immer noch Krieg, aber es gab dort zu essen. Das waren Bauern, diese Leute. Da haben wir gearbeitet, bis zuletzt. Bis der Krieg zu Ende war.

Abends haben wir immer auf der Bank gesessen, die Tilla und ich, und haben geweint. Haben an die gedacht, die in Auschwitz waren, und haben geweint. »Was nur mit unseren Familien ist, ob die noch sind und wo?« Wir hätten ihnen Essen schicken können und Kleider, wenn wir nur irgendetwas gewusst hätten. Es war noch eine ganze Zeit Krieg, und wir waren versorgt bei denen. Den Gedanken, dass sie nicht mehr am Leben sein könnten ... Wir haben versucht, den nicht zuzulassen, dabei wusste ich es eigentlich bereits. Ich wusste es doch, seit die Polin, die ich aus Auschwitz kannte, mir das in Ravensbrück gesagt hat, dass sie im »Zigeunerlager« alle vergast worden sind. Aber ich dachte, vielleicht nicht alle ...

Der andere Großvater von meinem Mädchen, der war auch in Auschwitz. Von ihrem Vater der Vater war meines Vaters bester Freund. Das war ein sehr lieber Mensch. Die beiden haben immer zusammengesessen in Auschwitz und haben sich unterhalten. Ich möchte wissen, wie sie gesprochen haben von früher – von der Zeit, wo es uns noch schön und gut gegangen ist. Wo wir zusammen gereist sind, das war eine schöne Zeit. Der ist rausgekommen vom Lager, der andere Großvater von Gretel. Seine beiden Söhne, Gretels Vater und sein Bruder nicht. Die wurden auf einem Schiff bombardiert. Die waren beim Toni im Kommando, bei meinem späteren Mann, den ich nach dem Krieg kennengelernt und mit dem ich bis zu seinem Tod zusammengelebt habe, mit dem ich verheiratet war. Die Brüder waren mit Toni im Arbeitskommando in Neuengamme oder im Emsland. Ein seltsamer Zufall, dass Toni Gretels Vater gekannt hat. Aber so war es. Eigentlich kannte er mehr den Bruder. Der war ein guter Kerl. Der andere, der Vater meines Kindes eigentlich auch, aber ich wollte nicht mit ihm zusammen sein. Die wollten dann unbedingt weg. Als sich eine Möglichkeit ergab, von Neuengamme wegzukommen, haben der Vater meiner Tochter und sein Bruder sich gemeldet auf den letzten Drücker. Sie wollten in ein anderes Lager. Toni hat dem Bruder geraten: »Geht nicht mit, bleibt hier in Neuengamme.« Aber nein, die wollten unbedingt weg. Sie sind dann auf ein Schiff gekommen in der Lübecker Bucht. Das war ein schwimmendes KZ, auf das sie die Häftlinge aus Neuengamme noch gebracht haben, als der Krieg fast vorbei war. Und das Schiff ist bombardiert worden. Da sind sie ersoffen. Alle beide, die zwei Brüder. Das war der Vater von meinem Kind, der ist da ertrunken auf dem Schiff. Den habe ich nie mehr wiedergesehen.

Ich war zu dieser Zeit schon in Österreich und ich wusste, dass er, Gretels Vater, in Neuengamme im Lager ist. Ich habe schöne Kartons gepackt für ihn mit warmer Kleidung und Essen drin. Ich habe so ein weiches Herz, ich kann gar nicht anders. Aber die Frage, ob wir noch einmal zusammenleben würden, was ich nicht wollte, die stellte sich nun nicht mehr.

Und dann war der Krieg zu Ende. Da hat sich die Wehrmacht schon zurückgezogen, die sind einfach abgehauen.

WIEDER IN EGER

Als es vorbei war, der Krieg vorbei war, bin ich wieder nach Eger zurück, weil ich dachte, dass da mein großer Bruder Stifto ist. Tilla war verheiratet. Sie hat ihren Mann wiedergefunden. Der Peppi, der war auch rausgekommen, ein guter Zitherspieler. Zu dem ist sie dann nach Weiden gegangen. Und ich hoffte, in Eger den Stifto zu finden. Der war ja früher raus, sie hatten ihn sterilisiert und dann freigelassen. Er ist wieder nach Eger gegangen und hat da gearbeitet. Er hatte von Eger nach Auschwitz geschrieben, an seine Frau, die war noch drinnen im Lager bei uns. Da bekamen wir Nachrichten von ihm. So haben wir Kontakt gehabt, als ich noch in Auschwitz war. Deswegen konnte ich hoffen, dass mein Bruder in Eger ist. Also bin ich hingefahren. Ich wusste ja, wo unser Wagen gestanden hatte. Da bin ich zuerst hin, ich dachte: »Gehe ich mal dahin und gucke, ob da der Stifto ist.« Und ... ach ... da stand er – der Wohnwagen. Unser Wagen, der Wagen der Reichmanns, mit allem drinnen stand immer noch da. In Eger. So wie wir ihn dagelassen hatten. Die Familienfotos, alles, die Anziehsachen meiner Mutter.

Ein paar Sachen von da habe ich noch. Ein paar wenige Sachen, von den Sachen, die in dem unangetasteten Wagen noch drin waren, als ich nach Eger zurückkam: Einen Kamm meiner Mutter, einen der Kämme, mit denen sie sich immer ihre langen Haare hinten am Kopf feststeckte, den habe ich noch. Dann eine Schale, eine kleine Servierplatte aus unserem Porzellanschrank, mit Blumen in der Mitte und einem dunklen Türkisgrün rundum. Und ich habe noch Bilder von unserem Leben vor dem Krieg. Darunter ist ein Foto von meinem Mädchen. Ich habe ein Bild von der Gretel. Das ist das Kostbarste, das ich habe. Es steht in einem kleinen Rahmen in meinem Schlafzimmer, sodass ich es mir vom Bett aus immer ansehen kann. Es ist in einem Fotostudio gemacht worden, wann und wo, weiß ich nicht; ich war nicht dabei. Sie ist kein Baby mehr auf dem Bild. Sie sieht so aus, wie ich sie in Erinnerung habe, nur ein bisschen kleiner. Dieses Foto, das bedeutet mir sehr viel.

Alles noch da. Es war alles noch drinnen im Wagen. Das kann man sich gar nicht vorstellen: Die Menschen waren nicht mehr da, aber niemand hat diesen Wagen angetastet. Er stand da, als wäre nichts gewesen. Das war gut, dass er da war, der Wagen, aber auch nicht gut. Das war sehr schwer. Dahin zu kommen und zu wissen oder zu fürchten, meine Menschen sind alle tot, aber ihre Sachen sind jetzt hier noch ... Da bin ich zusammengebrochen. Aber dann habe ich im Wagen gelebt, eine ganze Zeit, und da habe ich Stifto getroffen. Da habe ich meinen Bruder wiedergehabt – den Ältesten. Die Frau hat auch überlebt, aber zu der Zeit war sie nicht da.

Dieser Gedanke, dass unsere Lieben nicht mehr leben könnten, der war ja in Ravensbrück und Österreich schon da, aber ich habe immer versucht, ihn von mir wegzuschieben. Den Zweifel, ob sie noch leben, dass ich den zuließ ... Der kam zum ersten Mal, als ich zurück zu meinem Bruder bin, da wurde es immer unausweichlicher ... Ich lebte da mit ihm im Wagen unserer Familie – und wir warteten und bangten, aber die Eltern kamen nicht mehr. So sind wir gewahr geworden, dass sie gestorben sind, dass sie umgebracht wurden. Wir haben sie auch nicht gesucht. Es war einfach klar. Nur meine Tochter wollte ich vom Roten Kreuz finden lassen. Es hatte geheißen, dass ein Kind gerettet worden ist. Eines wie mein Mädchen, die war hell, hat nicht ausgesehen wie eine Sinteza, ihr Vater hat blaue Augen gehabt, die Haare dunkelblond ... Und nun sollte da ein Kind sein, vielleicht Gretel. Ich hatte eine Zeit lang eine ganz starke Hoffnung, sie sei gerettet worden. Aber dann habe ich erfahren, dass es das falsche Kind war, nicht meines. Sie war weg. Ich würde sie nie mehr wiederbekommen.

Irgendwann habe ich meinen kleinen Bruder, den Hesso, gefunden. Stifto und ich waren in Eger, aber der Kleine, der kam nicht. Wir haben gewartet. »Wo ist der geblieben?« Dann habe ich mich aufgemacht, ihn zu suchen, und wir konnten herausfinden, dass er vielleicht in Halle war, in Halle an der Saale. Und da habe ich gesagt: »Stifto, ich muss den Jungen suchen, wer weiß, was ihm passiert ist.« Und dann hat die Zilli sich auf den Weg gemacht. Ich habe ihn gesucht und bin gekommen bis Halle. Da habe ich ihn gefunden, den Kleinen. Er war befreit worden in Buchenwald, hatte aber keine Anstalten gemacht, nach Eger zu kommen. Da habe ich ihn mitgenommen nach Eger. Da waren wir wieder zu dritt. Er blieb eine Weile bei uns und ist dann zu Verwandten gezogen. Stifto und ich blieben noch länger. Dann sind wir nach Weiden weggezogen. Nach Weiden in der Oberpfalz. Dort hat mein Bruder sich einen neuen Wagen gekauft, den Wagen unserer Eltern übernahm Hesso. In Weiden begann Stifto, mit Pferden zu handeln. Da standen immer vier oder fünf oder sechs bei ihm im Stall. Den Hesso, den mochten die Pferde nicht, eines hat ihn mal gebissen, aber mich wollten sie, die Pferde, ich habe sie immer gestreichelt. Pferde sind schöne Tiere. Ich habe Pferde sehr gerne. Stifto hat außerdem mit dem Geigenhandel weitergemacht – und ich mit dem Hausieren. Davon lebten wir.

NACH DEM KRIEG

»ICH WOLLTE LEBEN«

Nach dem Krieg, da war ich noch jung. Anfang 20 war ich da ja erst. Man hofft, dass die eigenen Menschen noch leben, dass sie nicht tot sind, aber man hat so schreckliche Sachen gesehen und mit der Zeit auch manches gehört, Gewissheiten anderer, dass die Menschen nicht wiederkommen, irgendwie weiß man ... und dann ist es Gewissheit. Wie macht man da weiter? Geht doch gar nicht, oder? Doch, es geht. Das Leben ist doch so: Ein jeder Mensch versucht weiterzuleben. Damals hatte ich diesen Wunsch »Wäre ich doch auch weg« nicht so sehr. Kurz doch, aber da habe ich was gemacht dagegen, da habe ich Antidepressiva genommen und das hat mir damals geholfen. Aber dann hatte ich diesen Gedanken lange Zeit nicht mehr. Nein, das Leben war der Ansporn, ich musste weiterleben für ... weiß ich nicht einmal für was, aber so war das. Der Zweifel an der Richtigkeit oder dem Sinn des eigenen Überlebens, dieses schlechte Gewissen, es selbst geschafft zu haben, und die Liebsten sind weg, das kommt erst später. Ich wollte leben.

WIEDERGUTMACHUNG

Später, viel später bin ich dann zum Rechtsanwalt gegangen und habe einen Antrag gestellt auf Wiedergutmachung. In München. Beim Wiedergutmachungsamt in München war das. Da war ich schon verheiratet mit Toni. Nicht verheiratet mit Urkunde auf dem Standesamt, sondern so wie die Sinti heiraten, der Toni war da bei mir. Wir sind zusammen nach München mit dem Wohnwagen. Da musste ich dann sagen, wer ich bin, wie ich heiße, woher ich komme und wo ich überall war im Krieg. Das musste ich alles aufschreiben, dann haben sie überprüft, ob ich wirklich ich bin. Die waren sehr misstrauisch – gerade in München! Und da hat eine gesessen – ich glaubte damals, das sei die *Lolitschai* – und die sagte dann zu mir: »Sie sind aber gar kein Zigeunermischling, Sie sind doch eine Vollzigeunerin, Ihr Vater heißt so und Ihre Mutter so.« Da habe ich nicht schlecht gestaunt. Die haben die Namen meiner Eltern auf Romanès, ihre Sintinamen, gewusst. Unsere eigenen Namen, die nicht in einem offiziellen Dokument standen! Das haben die gewusst! »Sie sind doch eine Lalleri-Zigeunerin, reinrassig«, das haben die gesagt in München. Und dass ich deswegen gar nicht nach Auschwitz geschickt worden sein könne aus Rassegründen. Weil Reinrassige für Auschwitz nicht vorgesehen waren. Das konnten sie alles nur aus den Karteien wissen, die die Nazis über uns gesammelt haben. Die haben das alles ausgeforscht über die Sinti, auch ihre Namen. Die hatten die noch vorliegen und haben sie benutzt, als ich meinen Antrag gestellt habe. Es dauerte alles viele Jahre, aber ich habe meine Wiedergutmachung gekriegt, so war das. Das soll man wissen. Das Komische ist, dass ich mich nicht erinnern kann, dass mal welche bei uns, bei meiner Familie, waren, um uns zu untersuchen und alles über die Verwandtschaft auszufragen. Irgendwie hatten sie die Informationen aber trotzdem.

GLAUBE I
Ich war nicht immer so gläubig. Gar nicht, ich war ganz schön böse. Oh ja! Ich habe gelebt! Aber wie! Frei! Ich habe Schnaps getrunken, gefeiert, bin mit meinen Freundinnen herumgezogen. Wir waren auch mal in Berlin, eine Freundinnenreise. Da waren wir im Westen der Stadt in einem Lokal, da wurde ungarische Musik gespielt, und es gab Tischtelefone! Das muss Ende der 50er, Anfang der 60er Jahre gewesen sein. Oh, das gefiel mir! Doch, doch, ich habe mein Leben genossen! Ich habe gelebt, gut gelebt. Anfangs war ich schon gläubig, aber da, zu der Zeit als ich noch Geschäfte gemacht habe, war ich nicht richtig gläubig, nicht so, wie ich das heute bin. Wenn ich sage: »Ich war ganz schön böse«, dann meine ich, dass ich es nicht so ernst nahm damit, wie man leben soll, wenn man sehr gottgläubig ist. Und mit der katholischen Kirche, diesem Katholischen, das wir vor dem Krieg hatten, konnte ich nichts mehr anfangen. Als mich das, wie ich jetzt glaube, dann später immer mehr anzog, hat mein Mann Toni mich auch gehen lassen in die Bibelstunde. Er hat mich nie gehindert, wenn ich gesagt habe: »Ich gehe jetzt zur Stunde.« Er hat mich dann immer unterstützt, sogar beim Kochen. Ich habe einfach die Schürze ausgezogen, und er hat weitergekocht, dazu war er sich nicht zu schade, und ich konnte mitfahren in die Stunde. Das hat er schon gemacht.

Wir haben hier eine Sintigemeinde in Mannheim, eine schöne Gemeinde. Die, die das früher geleitet hat, war eine Deutsche, nicht eine von uns Sinti. Das ist die Margarete, mit der habe ich noch immer Kontakt. Aber die kannte ich schon, da war sie noch ganz jung. Wir sind eine Gemeinde von Freien Christen. Viele Sinti sind aber auch Katholiken. In meiner Familie waren sie auch katholisch, alle. Aber ganz schlimm katholisch. Mein Vater ist immer auf Wallfahrten gefahren. Ich weiß nicht, wo er überall war auf Wallfahrt, das machte er immer alleine. Als ich rauskam aus der Schule, in Ingolstadt, bin ich gefirmt worden, habe vorher Kommunion gemacht. Alles das, was dazu gehört, hatte ich hinter mir. Wir waren eingefleischte Katholiken. Wir sind nicht jeden Sonntag in die Kirche gegangen, aber zu Heiligabend immer. Und wir haben gebetet, nicht so wie ich jetzt, aber wir haben gebetet, vor dem Essen gemeinsam. Und vor dem Schlafen. Mein Gebet lautete: »Ich bin klein, mein Herz ist rein, soll niemand drin wohnen als Jesus allein.« Das weiß ich noch. Die Sinti hatten früher alle so eine Ecke. Da war die Muttergottes mit Jesuskind und dazu meistens eine Kerze.

Religion war in der Schule mein Lieblingsfach. In Ingolstadt bin ich auf eine katholische Schule gegangen, mit diesen Nonnen. Und ausgerechnet die Schwester, die ich besonders mochte, die ist weggegangen nach Afrika zur Mission. Die hieß Romana, diese Schwester. Ihren Namen vergesse ich nie, bis heute. Die hatte ich sehr gern. Und die mich auch, die hat mich auch sehr gerngehabt, die Schwester Romana; die hat mich gefördert. Da wollte ich unbedingt mit der nach Afrika. »Nimm mich doch mit, Schwester Romana«, habe ich gebettelt und meinte das ganz ernst. »Du bist doch viel zu klein, Zilli«, hat sie zu mir gesagt. Meine Eltern hätten mich sowieso nicht gelassen. Aber ich wollte unbedingt mit dahin, wo sie Mission macht. Aber sie ist ohne mich gegangen, die Schwester.

Nicht nur der Glaube, auch Traditionen sind ganz wichtig für mich. Und das war schon immer so. Ich übernahm das von meinen Eltern – von beiden, Mutter und Vater – und die von ihren Eltern. Das sind Sintitraditionen, aber über sowas schreibt man nicht viel in einem Buch oder spricht sonst darüber. Und richtig gläubig, so wie ich es jetzt bin, wurde ich erst recht spät, da lebte mein Mann noch. Der hat immer gesagt: »Zilli, guck mal, wie schön die zusammenhalten.« Die gläubigen Menschen in der Zeit, wo ich gläubig wurde, hatten einen sehr guten Zusammenhalt, das ist heute gar nicht mehr so. Davon war er beeindruckt, die hat er immer bewundert. Aber er selbst ist nie gläubig geworden. Oder doch, ist er schon. Auf seinem Sterbebett ...

TONI, MEIN MANN

Toni war, ich glaube, sechs Jahre im KZ, oder fünf. In Neuengamme und in einem der Außenlager im Emsland. Seine Eltern kamen beide in Lagern ums Leben, die Mutter in Ravensbrück und der Vater – ich weiß nicht wo. Außerdem drei Geschwister, umgebracht in Auschwitz. Überlebt haben mein Mann, sein Bruder Itzi, ein wundervoller Geiger, und zwei Schwestern. Toni und ich haben nie viel davon gesprochen, was wir jeweils erlebt haben. Als wir uns kennenlernten, hat er gleich gewusst, dass ich im Lager war. Da war etwas, die Nummer auf meinem Arm, das man nicht übersehen konnte. Und wenn du einen kennenlernst, er auch Sinto, so wie du, und du merkst bald, der spricht nicht von seinen Eltern und er merkt das bei dir auch, dann fragt man nicht. Dann kann man sich einfach denken, was los ist. Dann, als wir uns kennenlernten, hatten wir unser Leben. Unser Jetzt. Da haben wir nicht viel über das Davor geredet.

Kennengelernt habe ich Toni in Nürnberg. Das war etwa 1948, so um die Zeit. Da lebte ich in Nürnberg bei meiner Cousine, die war verheiratet mit Tonis Onkel. Und da war er oft zu Besuch, da haben wir uns immer gesehen. Ich hatte überhaupt keine Absicht mit ihm, nein! Obwohl er ein sehr gut aussehender Mann war. Aber er hat mich nicht mehr aus den Augen gelassen. Der ist mir nicht mehr von der Pelle gegangen. Der wusste, was er wollte. Wie die Männer so sind. Und dann, so mit der Zeit, eine ganze lange Zeit, da haben wir uns kennengelernt und – er war ein schöner Kerl – dann habe ich ihn auch gerngehabt und so waren wir zusammen. Nicht geheiratet auf dem Standesamt, einfach so. Abgehauen zusammen, so wie die Sinti heiraten. 1973 haben wir erst richtig offiziell geheiratet, hier in Mannheim, wegen Geld, wegen *Lowe*. Da hat er zu mir gesagt: »Zilli, wir kriegen mehr Rente.« Da habe ich nicht lange überlegt: »Komm Toni, heiraten wir!«

Am Anfang sind wir zusammengezogen in eine Wohnung in Nürnberg; das war, als wir erst kurz verliebt waren. Aber da sind wir nicht lange geblieben, sondern sind wieder rumgereist erstmal. Haben überall Musik gemacht, und ich bin hausieren gegangen. Ich verkaufte Handarbeiten, wunderschöne Spitze aus Wuppertal. So haben wir damals gelebt. Wir haben wieder einen Wohnwagen gehabt, ich machte Handel mit den Amerikanern vor allem – dabei habe ich ganz gut Englisch gelernt – und sie haben Musik gemacht. Und davon haben wir gelebt. Viele, viele Jahre. Das war eine schöne Zeit.

IN EINE WOHNUNG ZIEHEN

1970, in Stiftos Todesjahr, sind wir in Mannheim dann in eine Wohnung gezogen. Davor waren wir auch im Winter immer dort, da kannte ich die Renate, die war da auch schon nicht mehr so richtig unterwegs. Da gab es eine große Halle – da waren früher Züge drinnen abgestellt und repariert worden – und da haben wir unsere Wagen reingestellt. Vorne dran gab es Wasser und Sanitäranlagen. Das mieteten wir von privat. Das hatte einer gekauft und hergerichtet und dann an Sinti vermietet. Dort haben wir dann im Winter gestanden. Und im Sommer, wenn es ein bisschen wärmer geworden ist, sind wir wieder raus.

1970 bin ich schließlich mit Toni in unsere erste Wohnung gezogen. Ich hatte keinen starken Wunsch, das zu machen, aber jeder ist damals in eine Wohnung gezogen. Schließlich waren wir nur noch ganz wenige, die noch fuhren. Das ging dann nicht mehr. Ich weiß nicht, ob man das verstehen kann. Und dann haben wir die Wohnung in Mannheim bekommen und sind da eingezogen. Da hat der Toni gesagt: »Tschai, weißt Du was? Hier drinnen sterben wir, in der Wohnung.« Der ist ungern in eine Wohnung gegangen, der Toni, genau wie ich. Zunächst war das ganz furchtbar für mich, das Leben in einer Wohnung. Ich war wie im Gefängnis. Wir liebten die Freiheit. Doch über die Zeit, das sind ja jetzt bald 50 Jahre, habe ich mich daran gewöhnt – und irgendwann schätzte ich es. Aber im Sommer waren wir immer noch weg. Da habe ich alles, was wir brauchten für die Sommermonate, vom Fenster runtergeschmissen und rein in den Wagen – und ab. Man war ungefähr drei oder vier Monate in der Wohnung und den Rest draußen.

Und deswegen hat man es auch nicht als so schlimm empfunden. Man ist auch ein bisschen bequemer geworden im Winter, und mit der Zeit überhaupt bequemer. Man wollte gern fließendes Wasser, ein eigenes Bad haben. Vorher sind wir zum Baden ins *Herschel*-Bad gegangen. Das waren Wannenbäder, da konnte man immer reingehen, man hat bezahlt und dann konnten wir uns da baden. Aber irgendwann hat man es für sich etwas leichter haben wollen. Man hat sich irgendwann gewöhnt – an die Vorzüge einer Wohnung. Aber erstmal … kein gutes Gefühl. Aufgehört habe ich mit dem Rausfahren erst, als ich zu alt war.

DEN FÜHRERSCHEIN MACHEN

Ich habe, als der Toni noch lebte, den Führerschein gemacht. Da war ich ungefähr 50. Ich wollte schon lange einen Führerschein, weil in meiner Familie, von meinem Bruder Hesso die Mädels – meine Nichten – haben einen Führerschein gehabt, ich keinen. Das ärgerte mich. Ich wollte das auch! Aber Toni hat immer gesagt: »Tschai, brauchst doch keinen Führerschein! Bist Du ein Mann?« Doch dann hat er auf einmal – das hat aber Gott gemacht – Gleichgewichtsstörungen gekriegt, konnte kein Auto mehr fahren. Und wer hat den Führerschein gemacht? Die Zilli! Daran war nichts mehr zu rütteln: »So Toni, ich mach' jetzt den Führerschein. Du kannst nicht mehr fahren, es kommt wieder der Sommer, und wir müssen auf die Reise fahren. Ich will hier nicht für immer in der Wohnung sitzen mit Dir.« Und Toni: »Ach, willst Du das jetzt machen? Das will ich mal sehen!« Die Frauen waren ja damals bei den Sinti nicht emanzipiert. Aber ich bin dann in Ludwigshafen in die Fahrschule gegangen und habe da den Führerschein gemacht. Und ich war nicht die Erste, die das machte. Die Forella und Mendlo hatten in meinem Alter auch schon einen Führerschein gehabt. Zu dieser Zeit waren die Frauen schon angeglichen an die Zeit.

Also bin ich in die Fahrschule gegangen. Und ich war sogar eine sehr gute Fahrschülerin. Und ich habe den Führerschein schriftlich gemacht, nicht mündlich. Das gab es nämlich bei der Fahrschule: Ein Angebot für Leute, die nicht schreiben und lesen konnten, die konnten die theoretische Prüfung mündlich ablegen. Aber ich habe sie schriftlich abgelegt. Ich habe die Bücher genommen und dann bei der Renate gelernt. Wir wohnten damals im selben Haus, ich unten, sie oben. Und der Toni hat gewartet und mir das nicht zugetraut: »Die kriegt doch keinen Führerschein.« Und am Tag der praktischen Prüfung, da ist die Zilli auf den Fahrersitz und hat mit Bravour bestanden. Theorie und Praxis sofort beim ersten Versuch durchgeschlupft, durch, fertig. Da habe ich meinen Führerschein gehabt. Vor mir war eine Lehrerin dran, die ist durchgefallen. Und die Zilli, die »Zigeunerin«, ist durchgekommen. Da haben sie aber geguckt! Dann bin nach Hause gegangen und habe den Toni verulkt: »Ach Toni, ach Toni, ich habe versagt, habe ihn nicht gekriegt.« Dann er: »Das habe ich doch gewusst.« Da habe ich ihm meinen schönen, nagelneuen Führerschein unter die Nase gehalten: »Guck mal, hier ist er.« Und sobald ich meinen Führerschein hatte, habe ich den Wagen angehängt – das war im Frühjahr – und bin losgefahren. Und schon bald war es so, dass die Männer dagestanden haben: »Ach Zilli, Du kannst doch jetzt fahren! Du hast doch jetzt Dein' Führerschein.« Da war es ihnen plötzlich ganz bequem und willkommen: »Ich fahre!« Und ich bin gefahren, aber wie! Ich bin gefahren, da ist man kaum hinterher. So schnell bin ich gefahren. Ich habe Strafzettel gekriegt, weil ich zu schnell gefahren bin. Im höheren Alter, anfangs nicht, da habe ich mehr aufgepasst. Toni kam schnell sehr gut damit klar, mein Beifahrer zu sein. Der war zufrieden. Ja, der war ganz stolz auf mich. Der war sogar froh, dass ich dann einen Führerschein hatte, sonst wären wir nicht mehr rausgefahren.

CAMPINGPLATZ

Wir hatten zu der Zeit einen modernen Wohnwagen, einen *Tabbert*. Und wenn wir auf dem Campingplatz angekommen sind, haben wir als erstes das Vorzelt aufgebaut. Ganz spießig, wie die Gadje, die Campingtouristen. Im Vorzelt unten passierte der Großteil unseres Lebens im Sommer. Alles haben wir unten gehabt. Da habe ich gekocht, da haben wir gewirtschaftet, unten im Zelt. Im Wagen ist man nur schlafen gegangen. Wir blieben meist ein, zwei Wochen, wie Urlaub, manchmal auch nur ein langes Wochenende. Am Bodensee waren wir oft, diese herrliche Landschaft, und da kamen alle gut hin. Das war schön. Auf manche Campingplätze haben sie uns nicht draufgelassen. Da stand: »Für Landfahrer verboten!« Manchmal gab es dann am Ort extra Plätze für Sinti. In München hatten sie sowas, das war von der Stadt. Ein Blödsinn. Wir waren ja gar keine Landfahrer, sondern Urlauber! Aber die anderen Urlauber, die haben oft geglotzt, wenn wir da auf ihrem normalen Platz standen. Da haben wir oft Anfeindungen gekriegt von den Gadje-Urlaubern. Ach, wir haben viel Streit gehabt mit denen. Besonders mit diesen Dauercampern. Wenn wir mal ein Fest hatten – das war dann vielleicht zum Abschied, ehe alle wieder nach Hause fuhren, nicht jeden Tag! – wenn ein bisschen Musik gemacht und es ein bisschen laut wurde, haben die sich beschwert. Und es passierten auch schlimmere Sachen: Als Viola, Renates älteste Tochter, noch klein war, wurde sie von einer Frau auf dem Campingplatz in Stuttgart geschlagen, schlimm geschlagen. Da war die Viola fünf Jahre alt. Renate gab der Frau daraufhin eine Ohrfeige. Als sie zur Polizei ging, war das Entsetzen über ihre Ohrfeige größer als über die große Wunde auf der Stirn ihrer Tochter. Aber dann, beim Sintifestival in Darmstadt, da sind dann viele Leute gekommen, um uns beim Leben zuzuschauen. Da kam ein Reporter und hat gefragt, wie ich das empfinde. Ich habe gesagt: »Ich fühle mich wie ein Tier im Zoo.« Es war schon schlimm manchmal, aber so war es. Ich bin deswegen nicht zu Hause geblieben.

Ich habe erst aufgehört mit dem Fahren, als ich zu alt war dazu. Da habe ich den Führerschein abgegeben. Aber solange es irgendwie ging, bin ich noch rausgefahren – auch lange noch ohne Toni, als er schon tot war. Ich war erst 65, wo er gestorben ist. Aber ich hatte meinen Führerschein, war selbständig. Und im Sommer, da bin ich immer abgehauen. Ich hatte mein eigenes Auto und meinen eigenen Wohnwagen. Ich war mit meinem Bruder, mit Hesso, dann unterwegs, mit meiner Verwandtschaft – nie alleine. Wir waren immer viele zusammen. Hesso hat da manchmal noch mit Geigen gehandelt, wenn wir unterwegs waren. Er hatte das nach Stiftos Tod von ihm übernommen. Ich war schon Rentnerin und fuhr mit, einfach so, weil mir das guttat. Ich vermisse das sehr, das Draußensein und die Menschen zusammen.

»Tschai, in der Wohnung sterben wir«, das hatte Toni zu mir gesagt. So war es dann auch. In der Wohnung ist er gestorben, viel zu früh.

TONI – MUSIKER UND RESPEKTSPERSON

Der Toni war sehr anerkannt bei den Sinti. Ja, das war er, und auch sein Bruder, der Itzi. Die beiden, die waren wer. Nicht, dass sie in einem Sintiverband waren oder auf andere Weise offiziell, aber sie waren sehr beliebt. Das lag daran, dass sie als Musiker mit ihrer Kapelle hohes Ansehen genossen. Sie kamen aus einer Musikerfamilie. Itzi spielte die Geige und Toni war Zimbalist – und dazu noch einige weitere Männer, Gitarre, Akkordeon, Bass. Ihre Auftritte, die waren legendär. Die Leute schmückten sich gerne mit ihnen. Es wurde noch 40 und 50 Jahre später von ihren Konzerten gesprochen. Aber es war nicht allein die Musik. Menschen kamen zu Toni, er konnte ihnen guten Rat geben, was sie machen sollten, wenn sie in der Klemme steckten, und auch sonst. Seine beste Freundin war die Just-Dahlmann, Barbara Just-Dahlmann. Das war die Oberstaatsanwältin von Mannheim. Die hat ein Buch geschrieben, in dem sie den Toni erwähnt. Die interessierte sich sehr für die Naziverbrechen und die Strafverfolgung später nach dem Krieg. Und diese Staatsanwältin war eine enge Freundin meines Mannes. Kennengelernt hatten sie sich, als er hier in Mannheim die Sinti im Gefängnis betreute. Was heißt betreute, er machte das nicht offiziell, er war kein Sozialarbeiter oder Gefängnispfarrer oder sowas – und auch kein Rechtsprecher. Aber wenn von der Jugend hier, von den Sinti, mal einer was angestellt hatte und ins Gefängnis musste, dann ging er dahin zu dem, redete mit ihm, sprach ihm Mut zu, beriet und versuchte zu helfen, wie er eben helfen konnte. Er war für die anderen Sinti eine Respektsperson, aber eben kein Funktionär. Er hatte was im Kopf und wusste, was man machen konnte. Und die Just-Dahlmann, die hat sie immer unterstützt, unsere Menschen, wo sie konnte.

Einmal hatte mein Mann Geburtstag. Da ist er hingegangen zu ihr und hat sie um einen Gefallen gebeten – und sie hat es gemacht. Sie hat einen Jungen entlassen, damit der den Geburtstag meines Mannes mitfeiern konnte. Sie sagte: »Ich weiß ganz bestimmt, was der Herr Schmidt verspricht, das hält er.« Sie meinte damit, dass er den Jungen nach dem Fest wieder zurückbringt. Und das tat er auch. So war sie mit meinem Mann, die Just-Dahlmann. Es kam auch ein Freund von ihr aus Israel zu Tonis Geburtstag. Davon habe ich noch schöne Bilder. Die Just-Dahlmann war eine, die für die Sinti gut war. Das gibt es nicht oft, eigentlich gar nicht. Schon gar nicht in ihrer Position. Sie wollte uns immer mitnehmen – sie flog oft nach Israel, aber mein Mann hatte doch Angst vorm Fliegen. Ich habe ihr gesagt: »Frau Just-Dahlmann, mein Mann geht nie in einen Flieger, da ist nichts zu machen, leider nicht.« Er war sehr beliebt, sehr schlau, der Toni, und sehr klug. Ja, das war er. Für mich war er ein großer Baum, wo ich mich festhalten konnte, und der ist weg. Manchmal sehe ich mir sein Bild an, und dann zanke ich mit ihm: »Du hast Dich so schnell aus dem Staub gemacht und mich die vielen Jahre alleine gelassen.« So rede ich mit ihm. Er starb schon 1989, da als die DDR aufging. Er hatte Krebs, ist an Krebs gestorben. Als es zu Ende ging, war ich immer bei ihm. Wir haben dann ein extra Zimmer gehabt, wo er lag. Es war alles so bequem, wie es sein konnte zu Hause – und zu Hause wollte er sein. Aber es war trotzdem sehr schlimm, das mit anzusehen. Ach! Als er dann ganz am Schluss schon im Sterbebett lag, kam eine von unserer Gemeinde. Das war die Margarete, da habe ich der gesagt: »Geh' zu ihm, vielleicht bekehrt er sich.« Was soll ich sagen? Er hat es getan. Ganz am Schluss. Er hat sich zu Gott gewandt. Den Glauben hatte er immer bewundert, aber er selbst konnte das nicht, weil er immer den armen Menschen geholfen hat, die im Gefängnis waren. Er sah all die Probleme und so viel, das nicht gerecht war, und da konnte er das nicht. Das hinderte ihn am Glauben.

MIT TONI LEBEN

Ein schlauer Mann war er, der Toni. Der überlegte genau, was er sagte und wie er es sagte. Ich bin in dieser Hinsicht ganz anders, vielleicht dumm. Ich sage schnell was, das ich gar nicht so meine, aber grundsätzlich sage ich, was ich zu sagen habe. Manchmal verletze ich damit andere oder sie ärgern sich.

Direkt nach dem Krieg habe ich eigentlich keine schlechten Erfahrungen gemacht mit Feindlichkeit oder dass die Leute mir schlecht begegnet sind, weil ich eine Sinteza bin, abgesehen von dem, was da auf dem Entschädigungsamt in München passiert ist. Vielleicht weil ich ja immer mit meinem Mann unterwegs war. Der hat Musik gemacht. Mit Musik sind wir zusammen alt geworden. Wir fuhren umher, und sie haben gespielt und haben Geld verdient damit, mit Musik. Das war eine gute Kapelle. Da gab es keine Feindlichkeit in diesem Umfeld. Ich habe auch nicht diese schlechten Gedanken gehabt, die mich jetzt quälen. Die habe ich damals nicht gehabt. Ich wollte leben, ich wollte einfach nur leben – und das war es. Es ging uns auch damals mit dem Geld ganz gut. Wir konnten Urlaubsreisen machen. Wir waren in Holland und in Belgien, auch in Frankreich. Ich habe ein schönes Leben gehabt, ein sehr schönes Leben. Der Toni hat mit der Musik gutes Geld verdient, und ich handelte nicht mehr nur mit Spitze, sondern auch mit Teppichen. Perser. Da habe ich manchmal mehr verdient als mein Mann. Da machte ich einige Tausend mit einem einzigen Teppich. Ich kaufte die am Freihafen in Frankfurt. Immer beim selben Händler. Der hieß *Rapschi*. Ich war eine seiner besten Abnehmerinnen. Wir waren sehr gute Geschäftspartner. Er hat mir mal einen wertvollen, sehr schönen Läufer geschenkt, den habe ich immer noch, der liegt hier in meiner Wohnung.

Ja, der Toni und ich, wir haben ein gutes Leben gehabt. Das war vielleicht die Belohnung, die Wiedergutmachung für alles, was ich habe durchmachen müssen, und für alles, was ich verloren habe. Ja, das war vielleicht die Entschädigung, wenn es das gibt. Nur Kinder bekamen wir keine. Gott hatte mich beim Wort genommen: »Gib mir nie wieder Kinder!«, hatte ich gesagt, wie ich wusste, dass die Gretel weg ist.

Toni habe ich sehr gern gehabt. Obwohl er mich betrogen hat. Nicht nur einmal. Aber das war mir egal. Der Toni war ein schöner Mann, der hat viele Chancen gehabt. Ich habe immer gesagt: »Die ist nur eine dumme, kleine Geschichte, und ich bin die Frau«, fertig. Die Frau muss den Mann immer beschützen, auch wenn er Dummheiten macht. Und der hat oft Dummheiten gemacht, ich habe ihn dann immer sitzen lassen. Ich war eine Katze. Ich habe mir nichts gefallen lassen. Ich war so böse. Ich hätte ihm die Augen ausgekratzt, aber das hätte mir nichts genutzt. Da bin ich zu meinem Bruder gefahren, zu Stifto. Der hatte mehrere schöne, große Häuser in Mühlheim. Mein Bruder hat gewusst, dass Toni wieder schuld war. Ich habe ihn aber nicht verraten, nicht erzählt, warum ich weggelaufen war. Da hat mich mein Bruder angesehen: »Aha, Zilla.« Er hat immer *Zilla* zu mir gesagt: »Kane dschat pale tomui?« [Hast Dir wieder nichts gefallen lassen?] Er hat gewusst, dass mein Mann schuld war, ohne weiter darüber zu sprechen oder nachzufragen. Einmal ist Toni nach Mühlheim gekommen, um mich wieder zurückzuholen. Mein Mann war ... ach ... dem konnte keiner an den Karren fahren. Mein Bruder hat ihm eine Ohrfeige gegeben, die war nicht ohne, das war nicht mehr schön. Und was ist passiert? Nichts. Toni hat sich ohrfeigen lassen von meinem Bruder, das hätte ich ihm nicht zugetraut. Er hat das gemacht, sich das gefallen lassen, weil er mich gerne hatte, ja. Sonst hätte er eine Ohrfeige meines Bruders nicht einfach so stehen lassen. Und so bin ich immer wieder mitgegangen mit ihm. Obwohl Toni sich nie entschuldigt oder es auch nur zugegeben hat. Der hat nie darüber gesprochen – und ich ja dann auch nicht mehr. Aber ab und zu kam es immer wieder hoch. Mit dem habe ich viel mitgemacht und ihn trotzdem nie verraten. Warum nicht? Weil ich ihn gerne hatte, das war der einzige Mann, den ich gerne hatte, Toni, obwohl er mich betrogen hat. Der Hund! Aber zuletzt waren wir nicht zwei, sondern eins. Das war fast zu spät. Da hatten wir nicht mehr viel Zeit, weil er bald gestorben ist.

MÜHLHEIM

Nach seinem Tod bin ich allein noch vier oder fünf Jahre in Mannheim geblieben und dann nach Mühlheim an der Ruhr gegangen, zu meinem kleinen Bruder. Hesso lebte dort mit seiner Familie. Hier in Mannheim fühlte ich mich irgendwie einsam. Da wollte ich lieber bei der Familie sein, die ich noch hatte. Ich war da schon Rentnerin. Hesso hatte sich in Mühlheim viele Jahre so durchgeschlagen, er war Hausierer und machte verschiedene Sachen. Unser älterer Bruder Stifto war schon tot, als ich nach Mühlheim zog. Er war 1970 mit 63 gestorben. Das war ein schlimmer Verlust, er war unser Ersatzvater. Er hatte sein Leben lang weiter mit Geigen gehandelt und hatte immer mehr Erfolg damit: zwei Häuser in Mühlheim; eine Frau, war verheiratet, aber sie bekamen keine Kinder, weil sie ihn ja sterilisiert hatten. Aber Hesso hatte Kinder. Fünf Mädchen und einen Sohn, und den haben der Stifto und seine Frau aufgezogen, als wäre er ihr eigenes Kind. Nach Stiftos Tod hat Hesso die beiden Häuser übernommen. Ich wollte davon nichts haben, ich hatte ja keine Kinder und brauchte nichts. Auch den Geigenhandel hat der Hesso dann weitergeführt, und das hat er ganz gut gemacht, der

Kleine, war damit auch erfolgreich. Ich hatte in Mühlheim eine sehr schöne Wohnung gegenüber von da, wo Hesso wohnte. Und in Mühlheim geschah etwas Komisches, etwas komisch Schönes. Ich habe mich da mit einem Raben angefreundet, oder er sich mit mir. Ich hatte doch immer die Viecher so gern. Als kleines Mädchen hatte ich meine Hühner im Kasten unter dem Wagen. Wir hatten immer die Hunde, Hunde habe ich auch gerngehabt, besonders einen, den *Schnoko*. Schnoko war ein Yorkshire Terrier. Mit dem konnte ich sprechen, wie mit einem Menschen. Der ist 13 Jahre alt geworden. Als er gestorben ist, habe ich geweint wie ein Kind. Da war ich schon allein, Toni schon tot. Aber als wir ihn bekamen, war Toni noch da. Schnoko, das heißt *Schnake*. Der hat immer auf meinen Füßen geschlafen, war immer bei mir und hat mich getröstet, als ich plötzlich allein war nach Tonis Tod. Bis ich auch Krebs gekriegt habe, Magenkrebs. Da ging es mir sehr schlecht, ich musste operiert werden, da konnte ich nicht mehr mit dem Hund rausgehen und alles. Ich konnte ihn nicht mehr versorgen, obwohl ich doch so an ihm hing. Da habe ich ihn weggeben müssen. Eine sehr liebe Frau hat ihn zu sich genommen. Und obwohl er nicht mehr bei mir lebte, habe ich weinen müssen wie ein Kind, als er gestorben ist.

Mit mir und den Tieren, das war schon immer was Besonderes, aber mit diesem Raben in Mühlheim, das war ganz ulkig. Der kam zu mir von selbst. Eines Tages saß er auf meinem Fensterbrett und klopfte mit dem Schnabel gegen die Scheibe. Da habe ich ihm was zu fressen gegeben, Nüsse oder Kerne, und ab da kam er jeden Tag. Ich habe ihn gefüttert und mit ihm gesprochen. Und wenn ich unten die Wäsche auf die Leine gehängt habe, dann war er immer da und schaute, was ich machte, und flog erst wieder weg, wenn ich fertig war. Als ich von Mühlheim wegging, habe ich mich oft gefragt, was wohl aus dem Raben geworden ist. Ob er auch zu den Leuten, die dann in meiner Wohnung wohnten, kam und ob sie sich um ihn gekümmert haben.

Hesso und ich, wir verbrachten in diesen Jahren viel Zeit miteinander, und auch ich mit seinen Mädchen. Die sind dann auch alle Freie Christinnen geworden. Gearbeitet habe ich zu der Zeit nicht mehr, ich war Rentnerin und davon konnte ich leben. Ich war viel mit meinen Schwägerinnen zusammen, wir haben immer Kontakt gehabt, sind nie auseinandergegangen. Im Sommer sind wir mit anderen Verwandten im Auto mit Anhänger rausgefahren. Ich hatte fast nur Sinti als Freunde. Und dann ist der Hesso gestorben, und ich bin wieder nach Mannheim gezogen, wo Renate mit ihren Kindern lebte. Die haben das organisiert, meinen Umzug, und seitdem sind sie für mich da.

JETZT

RENATE

Wenn ich die Renate nicht hätte, wäre ich verloren. Alles, was mit Geld zu tun hat, das ganze Beantragen, Rechnungen bezahlen, das macht alles die. Die weiß, wo sie es kriegt, kennt die zuständigen Ämter und Stellen, ich weiß doch gar nichts. Ich kann nur gut ausgeben, aber kassieren und verwalten, das kann ich gar nicht. Sie regelt auch alles für mich, was mit Ärzten zu tun hat, macht die Termine, fährt mich dahin und begleitet mich. Sie ist auch mein Einkäufer. Die Renate ist eine gute Seele. Wirklich, wenn ich die nicht hätte, dann ginge es gar nicht. Mit ihr rede ich nur Romanès. Das ist mir wichtig. Die Renate, sie und ihre Kinder, sind jetzt meine Familie. Wir sind nicht richtig verwandt, aber doch ist sie meine Familie. Toni war kurz nach dem Krieg mit einer Frau zusammen gewesen und hatte mit ihr ein Kind bekommen, einen Sohn. Und der war später der Mann von Renate. Der ist leider sehr früh gestorben bei einem Unfall. Renate ist sozusagen meine Stiefschwiegertochter. Manchmal zanke ich mich auch mit ihr. Das braucht sie. Das ist nicht schlecht, das gehört dazu. Ab und zu muss ich ihr die Wahrheit sagen. Dann schmeiße ich ihr alles an den Kopf, was verkehrt ist, was sie mit mir verkehrt macht. Ja, so ist das. Sie kann sich dann überlegen, was ich ihr gesagt habe. Nach so einem Streit rufe ich auch nicht mehr an bei ihr. Da bin ich stur. Sie macht immer den Schritt auf mich zu, ruft mich an. Dann tut sie, als ob nichts gewesen wäre, und ich denke mir dann: »Ach, auch gut.«

Über meine Geschichte, alles was ich erlebt habe, all das Schlimme, was damals war, das man eigentlich nicht sagen und sich nicht vorstellen kann, von meinen Eltern, von Gretel, das habe ich ja bis vor wenigen Jahren niemandem erzählt. Aber mit der Renate habe ich schon über diese Jahre gesprochen. Nicht alles, aber eine Menge schon. Auch darüber, wie es mir heute manchmal geht, mein Aufwachen in der Nacht, über die Depressionen. Renates Eltern waren auch beide in Auschwitz. Sie versteht das.

ROMANÈS ODER DEUTSCH?

Die Reichmanns sprachen untereinander nur Romanès, mit Gretel natürlich auch. Die verstand auch alles auf Romanès, allerdings sprach sie mehr Deutsch. Sie hatte das von ihrem Vater und seiner Familie. Das waren deutschsprechende Preußen. So haben wir zu denen gesagt. Die waren deutsche Sinti, die Deutsch sprachen, und wir waren Lalleri und haben Romanès gesprochen. Das ist so ein Unterschied bei den Sinti.

Viele junge Sinti sind sich heute nicht so bewusst über ihre Kultur – oder wollen das nicht. Sie sagen lieber nicht, dass die Sinti sind, weil sie es dann schwer haben. Die Alten haben ihnen das geraten, weil sie ja ihre Erfahrungen gemacht haben. Aber dann weiß man nicht mehr, wer man wirklich ist, und kann nicht die Sprache und alles, was dazu gehört. Ich finde das nicht richtig. Ich gehe oft Karten spielen zu Renate. Sie stammt aus Österreich. Ihre Angehörigen stammten aus Österreich, aus Böhmen und Mähren. Der Hintergrund ist nicht so anders als bei mir. Aber die, Renate und ihre Kinder, sprechen viel Deutsch. Ich funke dann immer dazwischen: »Warum sprecht Ihr Deutsch? Ihr könnt doch Romanès reden!« Natürlich, wenn jemand dabei ist, der kein Romanès kann, dann sollen wir Deutsch sprechen. Damit der auch mitreden kann. Aber wenn alle, die da sind, Romanès sprechen, dann soll es doch dabei bleiben. Das ist unsere Sprache. Wenn wir sie nicht sprechen, werden unsere Jungen sie auch nicht sprechen. Die Sprache geht sonst verloren. Ich spreche immer nur Romanès mit der Familie.

Ich fühle mich als Sinteza und das heißt zu allererst mal meine Sprache, da beharre ich drauf. Dass wir wenigstens noch die Sprache behalten. Bei uns – was du so siehst, die Jugend – die sprechen alle Deutsch. Unsere Sprache nicht mehr, aber ich halte fest an meiner, an unserer Sprache. Das ist das Wichtigste an unserer Kultur, das ist der Kern. Aber ansonsten lebe ich doch in Deutschland und lebe wie eine Deutsche. Wir sind deutsche Sinti. Aber vor allem lebe ich mit meinem Herrgott – heute lebe ich mit Christus und sonst gar nichts. Ich komme allerdings nur noch selten hin, zur Bibelstunde. Die holen mich dann ab, welche von unserer Gemeinde. Aber manchmal fühle ich mich nicht gut oder es passt zeitlich nicht. Wenn ich das nicht schaffe, dann bete ich und spreche mit ihm einfach zu Hause. Ich lebe mit meinem Herrn.

Sinti haben heute immer noch nicht die gleichen Chancen. Die Deutschen, die können keine Sinti leiden. Die wollen uns nicht. Ich bin eine Deutsche. Ich bin deutsch geboren und bin in die Schule gegangen, alles gemacht, aber für die, nicht für alle, aber für viele, bin ich keine Deutsche. Ich bin eine Sinteza – und das merkt man. Ich habe fast keine Freunde hier in Mannheim. In Mühlheim hatte ich Freunde. Die von unserer Gemeinde dort, das waren alles Deutsche, keine Sinti. Aber gerade jetzt, in Zeiten, in denen die Nazis wieder nach oben kommen, da wissen wir nicht, wem wir vertrauen können. Mit wem können wir sprechen, mit wem können wir nicht sprechen? Das ist schlimm. Ich wohne hier jetzt schon so lange. Hier im Haus habe ich nur zwei Russinnen, die mich gerne haben. Sie arbeiten für mich, sie helfen mir. Meinen Balkon – ich liebe doch Blumen so – macht meine Russin. Die nehmen keinen Pfennig von mir. »Nein, Du bist unsere Oma, von Dir wollen wir kein Geld haben.« Ich stecke ihnen trotzdem mal zehn Euro zu. Was sie nicht wissen, das stecke ich denen heimlich in die Tasche. Ich mag das nicht. Ich weiß, sie braucht das, und sie ist sehr lieb. Und die ist die Einzige, die mich so behandelt, als wäre ich eine von ihnen. Als Renates Kinder klein waren und noch zur Schule gingen, in den 80er Jahren, haben sie ihnen »dreckige Zigeuner« nachgerufen. Die Religionslehrerin hat mal vor der Klasse gesagt: »Man soll Zigeuner nicht verachten und verurteilen. Sie sind halt dreckig und haben Läuse. Dafür können sie nichts.« Wir wissen nicht, wem wir noch vertrauen können.

TRADITIONEN

Wenn ich an meine Eltern denke, diese vielen schmerzvollen Gedanken und Fragen, dann ist da immer dieses Bild, wie sie in die Gaskammer gehen, mein Vater nackig und meine Mutter nackig – und die Kinder. Das vergesse ich nie, und das ist immer vor meinen Augen. Dieses Nacktsein.

Die Scham war bei uns an erster Stelle. Bei uns hat man sich so sehr geschämt, so gibt es das heute nicht mehr. Wir sind mit einer Kittelschürze ins Wasser gegangen zum Baden. Die Frauen haben auch keine Hosen angezogen vor Männern, sind nicht im Badeanzug vor Männern rumgelaufen und haben sich immer bedeckt. Babys und Kinder, die können noch nackt sein. Das kommt darauf an. Es gibt auch

Mädchen, die mit 12 Jahren schon wie Frauen sind. Solange die noch kindlich sind, können sie mit Badeanzug reingehen oder kurzer Hose. Aber bei ein bisschen Figur, ist das vorbei. Das ist so Tradition. Das erwarten die anderen von dir. Damit, wie man sich anzieht, sind die Jüngeren jetzt schon großzügiger, da würde ich mich totschämen. Es hat sich schon sehr viel gelockert. Das ist aber irgendwie auch gut. Dinge ändern sich eben, doch in manchen Fällen ist das schon zu viel. Hier, wo ich wohne, wohnen viele Sinti – und natürlich kennt man sich. Wenn ich zum Beispiel ein Mädchen sehe, eine von uns, und die ist wild angezogen, bauchfrei, knappes Röckchen, da denke ich mir: »Soll sie machen, wie sie will. Ich bin ja nicht verantwortlich für die.« Aber die Traditionen sind mir persönlich auch heute noch wichtig. Das bedeutet mir viel. Ich bin eine alte Sinteza, und da lege ich großen Wert drauf. Ich bin so aufgezogen worden und das ist in einem drinnen. Ich halte mich daran. An den alten Gesetzen, die schon seit Ewigkeiten sind, hält man immer fest. Ich verstehe aber, dass manches nicht mehr in die heutige Zeit passt. Natürlich wird es mit den Jahren immer lockerer, weil sich die Jugend nicht mehr so daran hält. Die sollen es ruhig auf ihre Weise machen, wenn sie anständig bleiben.

Ein anderes Beispiel, was Gadje machen können, das bei den Sinti nicht leicht wäre: dass Männer Männer heiraten und Frauen Frauen, dass sie zusammenleben. Es gibt bei uns auch welche, die es machen. Aber wenn es rauskommt, werden die gemieden. Das ist auch bei manchen Gadje nicht so leicht, aber mit der Zeit gewöhnt sich das Umfeld daran. Aber bei uns, auch wenn sie 20 Jahre zusammen sind, ist es verpönt. Da wollen die meisten mit denen nichts zu tun haben. Ich finde, wenn es so ist, sollen sie machen, vielleicht nicht so ganz offensichtlich, aber Hauptsache sie sind glücklich!

Wenn ein Gadjo reinheiratet bei den Sinti, ist das kein Problem. Wenn da zwei zusammenkommen und einer ist nicht von den Sinti, haben sie oft trotzdem eine ähnliche Mentalität. Die Gadje passen sich meist an, weil die dann zwischen so vielen Sinti sind. Es sind mehr Frauen als Männer, die reinheiraten. Die integrieren sich wunderbar. Unsere Alten früher wollten natürlich immer, dass Sinti Sinti heiraten, aber heute ist das kein Problem mehr – und das finde ich auch gut. Ich erwarte das nicht unbedingt von anderen, dass sie so streng sind mit den Traditionen, aber was ich mache, ist mir wichtig. Das sind innere Werte, keine äußeren. In der Familie, aus der Toni kam, waren sie weniger streng mit diesen Sintisachen als wir, die Reichmanns, das waren. Die Schmidts waren freier, moderner. Ich kam da in eine Familie rein, das kannte ich alles gar nicht. Ich war immer so. Immer schon – auch mit Lügen. Das war schon mein Lebtag so. Ich konnte nie lügen. Schwindel war für mich das Schlimmste, das es gibt. Gott ist für mich – heute – am höchsten. Er ist für mich ans Kreuz gegangen und hat sein Leben für mich gegeben. Er liebt mich, und ich liebe Gott. Ich lebe mit und in Gott. Aber das hat nichts mit den Traditionen zu tun, die den Sinti was bedeuten. Das ist allein mein Glaube. Meine Werte sind eine Mischung aus Glauben, allgemein menschlichem Anstand und Traditionen der Sinti.

LERNEN

Damit sich für unsere jungen Menschen etwas verbessert, damit sie ihre Zukunft haben können, wie sie sie sich wünschen, gibt es nur eins: mehr Schule, mehr Unterstützung, dass sie lernen, damit sie auch was erreichen können. Mit den gleichen Möglichkeiten. Jetzt gibt es schon manche, die studieren gehen, das finde ich sehr gut. Die muss man fördern und ermutigen. Damit sie eine Zukunft kriegen. Sie müssen glauben können: »Ich kann das. Ich schaffe das.« Aber das ist oft nicht so leicht. Ihnen werden viele Steine in den Weg gelegt. Aber ein bisschen was ändert sich schon. Von der Renate die Enkelin geht hier in Mannheim aufs Gymnasium und ist eine gute Schülerin. Das finde ich wunderbar. Die traditionellen Berufe, die helfen heute nicht mehr: Wanderkino, Pferdehandel, das Geigengeschäft, Hausiergewerbe und auch viele Handwerke, das sind alles Berufe aus einer vergangenen Zeit. Heute gibt es doch auch Fernsehen und Internet – und Sachen aus China. Auch gute Musik hat gar keine Zukunft.

MUSIK

Heutzutage verdienen sie Geld nur noch mit Krach. Mit Geschrei und Geschepper. Das ist keine Musik. Mein Vater hat zu solcher Musik immer gesagt: »Die schlagen die Deckel zusammen.« Gute Musik ist heute gar nicht mehr beliebt. Hauptsache schreien; was rauskommt, ist egal. Hauptsache laut. Ich liebe schöne Operetten. Von Lehár, Strauß und so weiter, das ist meine Musik. Aber das ist heute nicht mehr *in*. Heute wollen sie nur schreien, desto lauter sie schreien, desto mehr Geld kriegen sie. In unserer Familie wurde viel musiziert. Ich selbst habe ein bisschen Geige gespielt. Hesso und ich haben uns immer geschlagen, weil wir bloß eine Geige hatten. Aber das habe ich schon erzählt ... Die erwachsenen Musiker waren dann meistens doch Jungs, Männer. Frauen haben auch gespielt bei den Sinti, aber nicht so oft. Das war eine Seltenheit. Meine Taufpatin war eine sehr gute Musikerin, eine Bratschistin. Ihre Brüder waren auch gute Musiker. Sie traten zu dritt auf. Ach, eine schöne Frau war das, meine Patin. Sie trug immer so eine große Schleife hinten am Kopf. Wunderschöne, lange, naturgewellte, dunkle Haare hatte sie – und sie war eine große, eine sehr hübsche Frau. Die war auch in Auschwitz. Ihre Kinder sind alle umgekommen.

»ICH BIN STOLZ, EINE SINTEZA ZU SEIN«

Ob einer sagt, dass er Sinto ist oder Sinteza, muss jeder selbst entscheiden. Aber ich habe es immer gesagt, mein ganzes Leben lang. Außer während des Krieges auf der Flucht, wo es mich mein Leben hätte kosten können, wenn ich gesagt hätte, was ich bin. Aber davor und danach habe ich immer gesagt, dass ich eine Sinteza bin. Wenn mich einer gefragt hat, was ich bin, warum ich so dunkel bin, habe ich keine Geschichten erfunden mit Spanien oder Italien oder was manche dann sagen. Wenn mich einer gefragt hat, habe ich gesagt, wer ich bin. Ich bin stolz, dass ich eine bin. Ich bin stolz, auch heute, trotz des Ganzen, was geschehen ist. Vielleicht sogar umso mehr. Ich bin noch da, obwohl das von den Nazis nicht vorgesehen war. Wenn ich das jetzt so sage, dann hört sich das alles ganz einfach an, so als hätte ich nie Zweifel oder Bedenken gehabt. Es ist aber überhaupt nicht einfach. Zum Beispiel war ich, nachdem das alles passiert ist, nie froh, wenn bei den Sinti ein Kind mit dunkler Haut geboren wurde. Ich habe mich immer gefreut, wenn sie helle Kinder auf die Welt gebracht haben. »Die kommen besser durchs Leben als wir schwarzen«, so habe ich gedacht.

Bei den Reichmanns gab es bei der Farbe große Unterschiede. Mein Bruder, der Stifto, der Älteste, der hat blaue Augen gehabt. Meine Großmutter hat auch blaue Augen gehabt und meine Schwester Esla ebenfalls. Die Guki und ich, wir haben dunkle Augen und auch der Hesso. Wir waren die Schwarzen. Die Farbe meiner Eltern weiß ich gar nicht mehr so genau. Ich glaube, die waren beide dunkel. Sie waren einfach immer schön für mich. Ich habe immer gedacht, wenn meine Eltern sterben, dann sterbe ich auch. Meine Mutter war so wie ich. Jetzt ähnele ich sehr meiner Mutter. Mein Vater war ein großer stämmiger Mann.

Manchmal sage ich:»Ich bin stolz, dass ich Zigeunerin bin.« Dann betone ich das – *Zigeunerin*. Wenn ich das mache, dann sage ich es zum Trotz. Das ist reiner Trotz. Das heißt nicht so. Sinti, das ist unser Name, so nennen wir uns. Das Andere ist der Name, den die Gadje benutzen. Es ist ein Gadje-Wort, die sagen »Zigeuner« zu uns – und ich sage das manchmal zum Trotz. Ich will von einem Gadjo nicht »Zigeuner« genannt werden. Ich bin immer ein bisschen gegen den Strich gefahren in meinem Leben. Das war manchmal gut – und manchmal nicht gut. Ich bin so ein Mensch.»Was ich hab' auf die Lunge, hab' ich auf die Zunge.« Ich spucke es aus. Ich sage immer, was ich denke. Aber manchmal ist das nicht gut. Mein Mann hat immer gesagt:»Zilli, schalt erst Dein Gehirn ein, bevor Du was sagst.« Der war ganz anders als ich.

DIE NUMMER

Eine Zeitlang habe ich versucht, sie mir wegzumachen, die Nummer. Mit einer Rasierklinge, ging aber nicht weg. Erst war es blutig, aber dann kam sie immer wieder zum Vorschein. Manchmal im Sommer, wenn ich in der Öffentlichkeit kurzärmlig war, klebte ich ein Pflaster drüber. Aber irgendwann gehörte die Nummer einfach zu mir. Jetzt störe ich mich nicht mehr daran. Die Nummer an sich, *Z-1959*, bedeutet mir nichts. Manchmal weiß ich sie nicht mal auswendig und muss nachsehen, wenn jemand mich danach fragt. Warum soll ich sie mir merken? Sie hat ja mit mir nichts zu tun. *1.959* ist Zufall, weil ich als 1.959ster weiblicher Häftling ins »Zigeunerlager« eingeliefert wurde. Manche sprechen mich darauf an; viele sind das aber nicht, die meisten wollen das gar nicht wissen.

Manchmal habe ich die Nummer aus Vorsicht versteckt. Nach dem Krieg habe ich in Österreich als Hausiererin ein bisschen Geld verdient. Gute Geschäfte habe ich da mit den Amerikanern gemacht. Dabei habe ich Englisch gelernt. Auch in Hotels habe ich verkauft. Einmal war ich bei einer Hotelbesitzerin; das war eine gute Frau, ein gutes Herz hatte die. Die hat meine Nummer gesehen. Sie gab mir eine Empfehlung, wo ich als nächstes hingehen sollte, wo ich gut was verkaufen könnte, und sie warnte mich: »Aber, Frau Reichmann, zeigen sie da Ihre Nummer nicht.« Da habe ich die Nummer verdeckt. In Österreich waren doch viele Nazis und sind es auch heute noch, oder wieder. Da hatte ich schon ein schlechtes Gefühl: Wenn ich mit Nazis Geschäfte machte, sollten die besser nicht wissen, wer ich war, und das hätten sie gewusst, wenn sie die Nummer bei mir gesehen hätten. Was das Geschäftliche anging, war es mir egal, ob es Nazis waren. Ihr Geld war mir gut genug. Aber es gab auch Österreicher wie diese Hotelbesitzerin, die es gut mit mir meinte. Die habe ich lange Zeit nicht vergessen.

Einmal habe ich mich in eine brenzlige Situation gebracht, da bin ich aufgefallen mit der Nummer. Das war, als ich mit der Tilla aus Wittenberg, von den *Arado*-Werken weggelaufen war. Wir waren bei einem Bauernhof, haben da bei einem Bauern geschlafen und der hat die Nummer gesehen auf meinem Arm. Da hat er gefragt: »Oh, was hast Du denn da? Was ist das für eine Nummer da auf Deinem Arm?«, da habe ich gesagt: »Ach, weißt Du, ich bin vergesslich, ich muss mir alles aufschreiben, sonst kann ich mich nicht mehr daran erinnern. Siehst Du hier, das ist die Feldpostnummer von meinem Verlobten. Die habe ich mir dahin geschrieben, damit ich sie nicht vergesse und immer bei mir habe.« Da hat er nicht mehr gefragt.

Der sie in Auschwitz da reintätowiert hat, das war auch ein Häftling. Der musste das machen, das war ein guter Kerl. Den kannte ich später im Lager. Bogdan hieß der, ein Pole. Ich wundere mich, dass ich mich an manche Namen noch so gut erinnern kann und an andere gar nicht. Die Kinder wurden auch tätowiert, die bekamen auch alle eine Nummer. Wenn sie sehr klein waren, wenn sie noch zu dünne Ärmchen hatten, dann nahmen sie einfach das Bein – und machten die Nummer da rein.

»ICH HABE ANGST«

Ich gucke immer die Nachrichten im Fernsehen. Das interessiert mich. Ich will wissen, was los ist. Wenn ich sehe, was jetzt in Deutschland ist und auch auf der ganzen Welt, dann mache ich mir Sorgen. Die, die die Politik heute machen, das sind alles Verrückte. Der einzige Schlaue für mich war damals Helmut Schmidt, das war für mich ein Mann. Ein Mann, der die Verantwortung, die er hatte, auch tragen konnte. Die, die wir jetzt haben, sind Hampelmänner; die wissen gar nichts. Der Schlimmste von allen ist der Trump in Amerika. So etwas Blödes gab es schon lange nicht mehr. Das ist ein ganzer Affe, ein orangener Affe, aber ein gefährlicher Affe. Der quält die armen Menschen, die da aus Mexiko kommen und auf ein besseres, ein sichereres Leben hoffen, die Flüchtlinge. Die sperrt er ein in ihrem Elend. Da denke ich an das, was wir in Deutschland ja hatten damals. Vor dem Erdoğan in der Türkei muss man sich auch fürchten. Der ist auch einer von dieser Sorte. Blöd und gefährlich.

Als diese vielen geflüchteten Menschen aus Syrien und aus Afghanistan hier nach Deutschland kamen und ich dann sah, was mit denen gemacht wurde, was der Seehofer aus Bayern da sagte, das ging mir nahe. Wir haben doch selbst viel mitgemacht, wie könnte ich da kein Mitgefühl haben? Ich bete jeden Tag für die armen Menschen. Ich habe immer ein Gefühl dafür, für Menschen in Not, die tun mir leid. Sie mussten von ihrem Land weglaufen und alles zurücklassen, auch ihre Menschen. Ich bete für sie, dass Gott hilft. Die tun mir im Herzen leid, gerade die Flüchtlinge, die kleinen Kinder. Das ist mir alles sehr nah. Und die anderen, die es gar nicht zu uns schaffen, sondern vorher im Meer ertrinken. Ach! Das geht mir wirklich zu Herzen. Für die bete ich jeden Tag. Ich sage immer: »Herr, Dein Wille geschehe, nicht mein.« Und so einer wie der Seehofer, der will nicht, dass diese Menschen hierherkommen. Der nennt sich christlich-sozial, aber seine Politik, die ist so: »Die sollen lieber im Meer ersaufen.« Was ist daran christlich-sozial? Für mich ist das einfach ohne Herz und Mitgefühl. Christlich, was ist das denn, wenn nicht Mitgefühl? Und noch dazu haben wir in Deutschland doch eine besondere Verpflichtung. Solche Leute, die so reden, die sollen abgesetzt werden. Der Seehofer ist gegen die Merkel. Warum? Die Merkel hilft den armen Menschen, die hat ein Herz. Erst war ich nicht für die Merkel, ich konnte sie auch nicht leiden. Aber dann, als ich gesehen habe, dass sie den armen Menschen helfen will, da dachte ich: »Du bist ein guter Kerl!« Doch, die ist gut, die ist menschlich, die wollte das Richtige. Aber sie kann sich nicht mehr durchsetzen. Die gehen ihr auf den Kopf, reißen ihr die Haare aus. So ist das. Ich weiß nicht, wo das alles noch hinführen soll. Ich habe Angst, nicht um mich selbst, ich erlebe das nicht mehr. Aber um die, die ich gernhabe, die so denken wie ich, um die habe ich Angst.

GLAUBE II

Ich bin nicht abergläubisch. Solche Sachen »Eine schwarze Katze von rechts nach links über den Weg bringt Unglück« oder so was, damit habe ich nichts am Hut. War auch nie anders. Wenn man an Gott glaubt, ist man nicht abergläubisch. Es geschieht alles, wie Gott es will – und nicht wie wir es wollen. Wenn Gott es nicht gewollt hätte, wäre ich nicht von Auschwitz rausgekommen. In meiner Familie war ich die Erste, die gläubig geworden ist. Also nach dem Krieg. Diese Art Glaube, den ich jetzt habe. Ich war die Erste, die in die Stunde gegangen ist, in die Bibelstunde. Auch bei den Gadje bin ich in die Stunde gegangen, in Mühlheim. Und dann sind sie alle gläubig geworden, Hessos ganze Familie. Er selbst und auch seine Kinder, er hat fünf Mädchen und einen Jungen, den Jackie, der ruft immer an. Die sind dann auch alle gläubig geworden. Das hat Gott bewirkt, dass ich aus dem Lager komme, und dann wurden sie auch alle gläubig, die Kinder und mein Bruder sind alle bei Gott.

Ich bin jetzt 95 Jahre alt, bin klar im Kopf – gut, ab und zu ist eine Schraube locker, da oben –, ich kann mich bewegen und koche noch. Ich habe alles überlebt: Ich war lungenkrank, wahrscheinlich infolge der Haft, war deswegen im Krankenhaus. Ich hatte den Krebs am Magen und danach nochmal und nochmal, immer woanders. Ich habe alles überlebt und lebe noch. Vielleicht habe ich gute Gene, ich kann es nicht wissen. Meine Eltern sind nicht natürlich gestorben. Die haben sie umgebracht. Wäre ihr Leben normal gewesen, vielleicht wären sie auch sehr alt geworden. Dann wüsste ich jetzt, ob es daher kommt. Aber es kann nicht allein die Veranlagung sein ...

Ich glaube an Gott, er hat mich so alt werden lassen. Ich glaube auch an die Engel. Ich habe oft Schutzengel gehabt. Es ist nicht lange her, da bin ich in meiner Wohnung gestürzt – hier, rauf auf meinen Kopf. Ein anderer hätte sich alles gebrochen, ich nicht. Wen habe ich gehabt? Meine Schutzengel, die mich wieder aufgehoben haben. Deswegen bin ich heute noch da. Ich bin ein Gotteskind. Und dafür danke ich meinem Herrgott.

SPÄTES SPRECHEN

Ich habe so lange nicht darüber gesprochen, über mein Leben, was mir passiert ist. Erst jetzt vor ein paar Jahren, in meinen Neunzigern habe ich damit angefangen. Zuerst wollte ich mich damit nicht mehr beschäftigen. Ich wollte nicht zurückblicken, ich wollte leben. Später dann, als mein Leben schon ruhiger war, habe ich nicht gesprochen, weil ich wusste, dass das sehr schwer ist. Ich dachte: »Den Schmerz, den habe ich sowieso. Wenn ich das alles sage, muss ich doch die Worte finden, die einer versteht, der das nicht erlebt hat. Ich kann es gar nicht erzählen, dass man es versteht.« Davor hatte ich Angst.

Und es lag auch daran, dass mich lange keiner gefragt hat, da waren keine – keine Fremden, die mich gefragt haben. Keiner wollte es wissen. Auch hier von den Sinti in Mannheim kam keiner, von denen aus Heidelberg sowieso nicht. Und so blieb meine Geschichte so lange unbekannt. Dass ich nicht berichtet habe, und dann schließlich doch noch, hatte damit zu tun, wer da kam und es wissen wollte. Als ich nach dem Tod meines Mannes in Mühlheim lebte, war da ein Mann, der hatte mich irgendwie gefunden, der wollte auch ein Buch mit mir schreiben. Das liegt schon Jahre zurück. Sein Vater war ein SS-Mann. Aber er, der mich gefunden hatte, war ein guter Kerl. Er konnte ja nichts für seinen Vater und er hat es mir gleich offen gesagt, dass er so einen Vater hatte. Mit dem habe ich es versucht, aber es passte nicht mit uns. Da habe ich es abgebrochen. Um über sowas zu reden, muss man einen Draht haben und den Menschen mögen. Und als dann viel später der Haumann, der Professor Haumann, zum ersten Mal zu mir kam, den habe ich gesehen und wusste: »Ja!« Das war der Anfang. Der hat dann meine Geschichte aufgeschrieben – und dazu die ganze lange Geschichte der Sinti in Deutschland, ein dickes Buch. Er ruft mich immer noch an und besucht mich. Der ist ein Schatz.

Ich bin eine gute Menschenkennerin. Das kommt vielleicht auch daher, was ich erlebt habe. Ich gucke einen Menschen an und weiß genau, ist er gut oder ist er schlecht? Und komisch, als die aus Berlin zu mir kamen, die drei von der Stiftung Denkmal, um ein Videointerview mit mir zu machen, habe ich das auch gleich gesehen: Die Jana, die nenne ich immer *Nane* oder *Jane*, dabei weiß ich genau ihren richtigen Namen, und die Veronika, eine ganz schöne, ganz fleißige, und der Hamze, zu dem sage ich *Polski*, dabei ist er gar nicht aus Polen. Er ist ein Rom aus dem früheren Jugoslawien, aus dem Kosovo. Als die zum ersten Mal da standen bei mir, die drei, da habe ich das auch sofort gesehen: »Denen kannst du vertrauen, die sind gut, und die sind so, wie du bist.« Und das stimmt, die sind so, wie ich bin. Der Hamze sowieso, der gehört ja zu mir, der sowieso! Sonst hätte ich es nicht gemacht mit dem Interview und auch mit dem Buch nicht. Die Nane, die hatte mich schon lange gesucht; die wusste, dass es mich noch gibt. Sie hat überall nachgefragt hier bei den Sinti in Mannheim und auch bei anderen. Aber niemand kannte mich. Von einer Zilli Reichmann wusste keiner was. Aber dann hat sie einmal meinen Namen gesagt, den ich hatte, als ich verheiratet war. Und da wusste der Romeo Franz, der Musiker, der jetzt für die Grünen im Europäischen Parlament sitzt, gleich: »Ach die!« Der kannte mich, aber nicht mit dem Namen Reichmann. Er hat viele Jahre Musik gemacht zusammen mit Tonis Neffen, dem *Unge*. Der ist leider vor ein paar Jahren viel zu früh gestorben, der Unge. Er und Romeo waren enge Freunde. Und dann war die Verbindung da – und so kamen wir zueinander.

Ich bin dann am 2. August zu ihnen nach Berlin gefahren, 2018 zum ersten Mal, und habe bei der Gedenkstunde am Denkmal für die ermordeten Sinti und Roma gesprochen, neben dem Reichstag. Das war ein schwerer Gang für mich. Ein sehr schwerer Gang. Das war drei Wochen, nachdem sie mich zum ersten Mal in meiner Wohnung besucht und wir das Interview gemacht hatten. Da habe ich die weite Reise nach Berlin gemacht. Renate war bei mir. Erst dachte ich: »Ich mache es nicht, das schaffe ich nicht«, aber dann habe ich es doch gemacht. Ich dachte: »Ich habe ja Renate.« Da habe ich zum ersten Mal das Denkmal gesehen. Das große Mahnmal für unsere Menschen in Berlin. Am 2. August haben sie da an die Sinti in Auschwitz erinnert, die in der Nacht 1944 ermordet wurden. Meine Familie. Mein Mädchen. Ich habe der Renate gesagt: »Renate, hoffentlich überstehe ich den Tag, wenn sie dann von meiner Familie sprechen.« Ich wusste, dass das für mich sehr schwer wird. Das habe ich den dreien auch vorher gesagt: »Das wird mir sehr, sehr schwer fallen, dass ich an dem Tag da stehe. Vielleicht kann ich es mir dann, wenn ich da bin, anders auslegen.«

Nach Auschwitz bin ich nie wieder zurückgegangen. Im letzten Jahr wurde ich zweimal gefragt. Jetzt plötzlich, wo ich 95 bin! Die haben mich eingeladen, sehr bedeutende Persönlichkeiten, die wollten mich dahin mitnehmen – mit aller Ehre und allem Komfort. Zum 2. August letztes Jahr wurde ich gefragt, und jetzt wieder für den 27. Januar, 75 Jahre Befreiung von Auschwitz. Ich habe es nicht gemacht. Ich kann es nicht. Die Reise dahin hätte ich vielleicht noch geschafft – oder vielleicht auch nicht geschafft. Aber ich hätte es auch nicht gemacht, wenn mich einer vor zehn oder 20 Jahren gefragt hätte. Das schaffe ich nicht. Ich wollte und will da nie wieder hin. Dahin zurück, wo sie geblieben ist, meine Familie. Wo sie nackig ins Gas gehen mussten. Dahin, wo sie sie umgebracht haben. Das alles nochmal sehen, nein. Ich war zuletzt am 2. August 1944 in Auschwitz, das reicht mir.

Aber mit Berlin, das wollte ich machen. Ich wusste nicht, warum, aber ich wollte es machen. Ich dachte: »Vielleicht weiß ich danach, warum ich es gemacht habe.« Und irgendwie war es dann so. Ich habe da an dem Denkmal gesprochen, an dem Denkmal für unsere ermordeten Menschen. Da habe ich gesprochen vor vielen Gästen, auch wichtige Politiker waren dabei. Das hatte ich noch nie gemacht, sowas. Aber sie waren zufrieden mit mir. Es war schwer, sehr schwer. Aber die Leute haben mich verstanden, viele haben geweint. Am Ende der Gedenkstunde haben sie Kerzen und Blumen ans Denkmal hingelegt. Und ich wusste gar nicht, was ich zu tun habe. Da waren so viele Leute, die wollten mit mir reden, mich umarmen und mich fotografieren. Ich war verloren. Plötzlich stand da dieser kleine Junge, Willi, der Nane ihr Kind, den hatte ich vor der Gedenkstunde nur kurz kennengelernt. Der war da sechs Jahre alt, ein kluges Kind: Der hat das gemerkt, dass ich verloren war. Da hat er mich angeguckt und gesagt: »Hier Zilli!« Er hat mir die Kerze hingehalten und mich bei der Hand genommen. Dann habe ich auch eine Kerze hingestellt. Der hat mir geholfen. Es ist eine Freundschaft daraus geworden. Ich habe ihre Kinder kennengelernt. Der Hamze hat auch einen Sohn, Liou, ein ganz hübscher Junge, der ist schon etwas größer. Wenn ich in Berlin bin, dann wollen die Kinder mich sehen, dann treffen wir uns. Und auch ihren Direktor, den Direktor von der Stiftung Denkmal, den Uwe, habe ich kennengelernt, der kümmert sich auch immer um mich. Bei dem konnte ich auch gleich sehen, dass er gut ist. Ein ganz Guter. Für den, meinen Jungen, bete ich jeden Tag.

Ich nenne sie jetzt immer: »mein Team in Berlin«, die habe ich sehr gern. Und die mich auch. Sie haben mich noch viele Male in Mannheim besucht, und ich bin wieder nach Berlin gefahren. Im April 2019 für ein langes Zeitzeugengespräch. Das war wieder sowas, das ich noch nie gemacht hatte. Über 200 Menschen, auch ganz junge, kamen da in die Tschechische Botschaft, um mich zu hören und zu sehen. Da waren mehr Menschen, als Platz war. Die haben auf den Treppen gesessen und mir zugehört – und mich verstanden. Manche haben geweint. Aber es wurde auch viel gelacht, da in der Botschaft. Ich habe manches lustig gesagt. Ich wollte nicht, dass es nur schwer ist. So war auch mein Leben nicht. Es war schwer, aber nicht nur schwer. Ich habe in meinem Leben auch viel gelacht, und ich lache heute noch gern. Viele kamen danach zu mir, waren sehr berührt, haben sich bedankt. Ich habe danach Interviews für Zeitungen gegeben. Die haben über meine Geschichte geschrieben. Ein Journalist, ein sehr guter Mann, Erni, ist sogar zu mir nach Mannheim gekommen. Dann war meine Geschichte im Radio. So haben viele Menschen sie gelesen und gehört. Das ist mir wichtig, das bedeutet mir viel. Am nächsten 2. August, am 75. Jahrestag, bin ich auch wieder hingefahren nach Berlin. Da gab es wieder eine Gedenkstunde. Ein ganz junges Mädchen, eine Romni, hat ein Stück aus meiner Biografie vorgelesen. Die hat das sehr gut gemacht. Es ging immer weiter. Mein Polski, der Hamze, und die Veronika haben einen kleinen Film mit meiner Geschichte gemacht. Ich habe den Text gesprochen für den Film, da ist meine Stimme jetzt drin, für immer. Alles in dem Film ist wahr.

Und jetzt gibt es dieses Buch, mein Buch über mein Leben. Das war viel Arbeit. Das hat mich auch angestrengt. Aber ich bin so froh, dass ich es geschafft habe. Jetzt bin ich eine Schriftstellerin! Die Nane, die ist in den letzten zwei Jahren immer wieder zu mir nach Mannheim gekommen. Ich weiß nicht, wie oft. Da haben wir gesprochen, sie hat mich gefragt. Die ist eine Fragerin. Die hat das alles aufgeschrieben und geordnet – und mich dann wieder gefragt. Ob es so richtig ist oder anders. Und am Ende war es alles richtig.

Ich habe meine Geschichte erzählt – und erzähle sie weiter, solange ich noch da bin. Ich will, dass die Welt erfährt, was mit den Sinti passiert ist. Ich will, dass sie wissen, was da war in den Lagern, was sie mit den armen Kindern gemacht haben. Ich will, dass sie wissen, wie das ist, weiterzumachen, wenn man alles verloren hat, was einem lieb war. Das will ich ihnen sagen, solange ich es kann, und ich will, dass es auch später die Menschen nachlesen können und nicht vergessen.

Aber jetzt, jetzt macht die Zilli Schluss.

NACHWORT

Ein Mehrfamilienhaus am Rande Mannheims. Wir klingeln, warten einen Moment, dann geht der Türsummer an. Wir steigen die Treppen hinauf zu der kleinen Wohnung in der ersten Etage – da steht Zilli Schmidt in der Tür. »Ach, meine Kinder, da seid Ihr! Hattet Ihr eine gute Fahrt? Wann seid Ihr angekommen? Kommt rein!« Man muss sich bücken, damit die Umarmung mit dieser winzigen Frau gelingt. 1,50 Meter ist sie klein. »Meine Kinder«, das sagt sie oft, und irgendwie nimmt man ihr ab, dass sie es tatsächlich ein bisschen so meint. Bei der ersten Begegnung war da zunächst Irritation, Überraschung: diese winzige Person und dazu diese tiefe und rauchige Stimme. Eine starke, feste Stimme, trotz der 95 Jahre, die ihre Besitzerin mittlerweile auf der Welt ist.

Zilli geht voran in ihr Wohnzimmer und nimmt in ihrem großen, roten Lieblingssessel Platz. Damit sie es bequem hat, schiebt sie sich ein Bänkchen heran, auf dem sie die Füße abstellt. Mit dem Hinweis, sie habe Kaffee gekocht, wir mögen uns nur bedienen, zieht sie eine ihrer schmalen Zigaretten hervor. In den folgenden Stunden werden noch einige weitere folgen. Zilli ist – wie stets – chic zurechtgemacht: das elegant gemusterte, bis zur Wade reichende Kleid, die Kette mit Anhänger, die Ohrringe, alles fein aufeinander abgestimmt. Die kurzen, eisengrauen Haare trägt sie sorgfältig frisiert. Zillis Fingernägel sind perfekt manikürt, ein dezentes Hellrosa. Zu besonderen Gelegenheiten legt sie Lippenstift auf. »Der ist von Chanel, das ist der beste, den benutze ich schon seit Jahren«, hat sie einmal verraten. Ihre Augen funkeln lebenslustig. Zilli lacht viel und herzlich. Beim Reden unterstützt sie das Gesagte oft mit den Händen, eine sehr lebendige und unterhaltsame Gesprächspartnerin. Manchmal spricht sie von sich in der dritten Person – als *die Zilli*. Meist in Situationen, in denen sie etwas ironisch-distanziert auf sich selbst zurückblickt, oder wenn sie ihre Unangepasstheiten beschreibt, die sich wie ein roter Faden durch ihr Leben zu ziehen scheinen. Sie interessiert sich für alles Erdenkliche: was in der Welt geschieht, den Klimawandel, Wahlen im In- und Ausland, aktuelle Kontroversen, gutes Essen, unsere Arbeit. Und sie will wissen, wie es den anderen aus ihrem »Team in Berlin« gehe, nimmt aufmerksam

Anteil an allem, was man berichtet. Wenn man sie ansieht, ihr zuhört, wie sie spricht, so überaus offen und großzügig mit ihrem Vertrauen, so witzig und agil, ist man versucht zu vergessen, warum man eigentlich bei ihr ist.

Aber dann fällt der Blick auf eine Tätowierung am Arm: *Z-1959*, ihre Nummer aus Auschwitz. Die Nummer, von der sie sagt, sie bedeute ihr heute kaum noch etwas. Zilli Schmidt ist eine der Letzten unter den Sinti, die die nationalsozialistischen Gefängnisse und Lager als Erwachsene überlebt haben. So einzigartig jedes Schicksal ist, so individuell ist jedes Weiterleben, so individuell ist der Umgang mit dem »Übriggebliebensein«, dem Verlust und der Erfahrung verbrecherischer Unmenschlichkeit. Bei Zilli Schmidt gibt es keine Anzeichen von Bitterkeit oder Resignation. Dabei gäbe es dazu jeden erdenklichen Anlass. Woher also nimmt Zilli Schmidt ihren Lebensmut, diese herzliche Wärme, den Humor und die Kraft?

Die Kraft schöpfe sie aus ihrem Glauben, sagt sie. Sie betet mehrmals am Tag, für sich selbst, vor allem aber für andere. Zilli ist fest davon überzeugt, dass Gott sie über die Abgründe ihres Lebens getragen hat. Nur nachts, wenn sie nicht schlafen kann, ist sie wieder in Auschwitz, geht in der Wohnung umher, nimmt Tabletten und raucht. In solchen Nächten stellt sie sich bohrende Fragen, sieht wieder und wieder die Bilder: ihre vierjährige Tochter Gretel, wie sie am 2. August 1944 zu den Gaskammern gebracht wird, sie selbst befindet sich während dieser Stunden gegen ihren Willen in einem Transport der SS nach Ravensbrück. Dieser Verlust – in der Nacht auf den 3. August 1944 werden auch ihre Eltern, die Schwester mit ihren sechs Kindern und zahlreiche weitere Verwandte ermordet – begleitet Zilli ihr Leben lang. Der damit verbundene Schmerz steht in verschiedenen Phasen ihres Lebens unterschiedlich stark im Vordergrund. Als junge Erwachsene und in der Mitte ihres Lebens versucht sie, ihn möglichst wenig zuzulassen. »Ich wollte leben«, so beschreibt sie sich oft und umfasst damit die Lebensphasen von Anfang 20 bis etwa 65. Doch mit zunehmendem Alter, nach dem Tod ihres Mannes und ihrer beiden Brüder, mit mehr Zeit, die sie allein verbringt, nimmt der Schmerz um den Verlust ihrer Liebsten wieder mehr Raum ein. Er ist ein Hauptmotiv ihrer Erinnerungen; er ist ein Anlass, über ihr Schicksal zu sprechen und zu schreiben. Ihre Motivation benennt Zilli ganz eindeutig: »Unsere Menschen sollen nicht vergessen werden! […] Ich will, dass die Welt erfährt, was mit den Sinti passiert ist. Ich will, dass sie wissen, was da war in den Lagern, was sie mit den armen Kindern gemacht haben. Ich will, dass sie wissen, wie das ist, weiterzumachen, wenn man alles verloren hat, was einem lieb war.«

Zilli Schmidt wird als Cäcilie Reichmann am 10. Juli 1924 im thüringischen Hinternah – oder wie sie es nennt »in der DDR« – geboren. Die Reichmanns weilen an diesem Tag eher zufällig an diesem Ort. Sie sind Lalleri, wie sich die aus Böhmen stammenden Sinti nennen. Sie sprechen Deutsch, etwas Tschechisch und in der Familie Romanès – so wie viele Roma und Sinti in ganz Europa, allerdings mit großen Unterschieden in den Herkunftsstaaten und -regionen. Für Zilli Schmidt stellt das Romanès einen – den – Kern ihrer Kultur dar, weswegen sie die Sprache innerhalb ihrer Familie und darüber hinaus konsequent pflegt.

In ihrer Jahrhunderte währenden Geschichte beeinflussen Sinti die Kultur und Wirtschaft im deutschsprachigen Raum maßgeblich. Als deutsche Staatsbürger kämpfen Sinti in beiden Weltkriegen für Deutschland. Im Ersten Weltkrieg erhalten sie teils hohe Auszeichnungen, im Zweiten Weltkrieg werden sie – wie Zillis ältester Bruder Stefan *Stifto* Reichmann – ab Februar 1941 aus »rassepolitischen Gründen« aus der Wehrmacht entfernt. Der Landerwerb und der Zugang zu vielen Berufszweigen bleiben den Sinti lange verwehrt. Vielerorts besitzen sie nicht einmal das Recht, sich an einem Ort niederzulassen. Über Jahrhunderte gelten sie wegen des erzwungenen Lebens von Ort zu Ort als »asozial« und »kriminell«, sind »vogelfrei«. Sie machen aus der Not eine Tugend, indem sie in Tätigkeitsfelder wie Handel oder Unterhaltung ausweichen, diese wirtschaftlichen Nischen teils mit großem Erfolg besetzen und gesamtgesellschaftliche Anerkennung genießen. So bringen etwa Familien wie die Reichmanns und andere mit den Wanderkinos und Marionettentheatern Kultur in die deutsche Provinz und sind lange Zeit gern gesehen. Auch wenn – anders als Zillis Familie – Anfang der 1930er Jahre vermutlich ein Großteil der Sinti im Deutschen Reich dauerhaft am selben Ort und in Wohnungen lebt und sie die deutsche Staatsbürgerschaft besitzen, werden sie dennoch als »Zigeuner« systematisch registriert und überwacht. Dazu müssen sie unter anderem ihre Gewerbescheine ständig erneuern.

Bis in die Gegenwart erfahren Sinti und Roma Ausgrenzung, Benachteiligung und Hass. Der Rassismus gegen Sinti und Roma wird heute zumeist unter dem Begriff Antiziganismus gefasst.

Die Reichmanns handeln mit Instrumenten, treten als Musiker auf, verkaufen Kurzwaren und betreiben ein Wanderkino. Es geht ihnen wirtschaftlich gut, sie sind »eine glückliche Familie«. Am 10. Juli 1924 sind sie im Thüringer Wald unterwegs. Zilli erblickt um 11.30 Uhr in der Wohnung des Gemeindedieners von Hinternah das Licht der Welt. Dass die Kinder zu Hause zur Welt kommen, ist in Sintifamilien nicht üblich. Der Vater Anton Reichmann – mit seinem Sintonamen *Jewero* genannt – ist 1882 im württembergischen Ellwangen geboren worden. Ihre Mutter Bertha Brandt – *Batschka* – kommt 1884 im ostpreußischen Lötzen zur Welt. In Württemberg und in Ostpreußen leben traditionell viele Sinti, in der östlichsten Provinz des damaligen Deutschen Reiches sogar die meisten. Zilli hat zunächst drei Geschwister: Stefan *Stifto*, Esla und Hulda *Guki*. Ihr jüngerer Bruder Otto *Hesso* folgt zwei Jahre nach ihr, im Juli 1926 im hessischen Ulfa. Im Spätsommer 1930 wird Zilli in Jena, der Universitätsstadt an der Saale, eingeschult. Im Frühjahr 1931 nimmt die Familie nach der Winterpause den Wanderkinobetrieb wieder auf, dazu fahren sie von Ort zu Ort. Zilli und ihr jüngerer Bruder besuchen in den folgenden Jahren zahlreiche Schulen, vor allem in Thüringen und Bayern.

Bereits Ende des 19. Jahrhunderts gehen die staatlichen Behörden immer härter gegen »Landstreicherei« vor. Federführend ist Bayern, das 1899 einen »Zigeunernachrichtendienst« bei der Polizeidirektion München einrichtet, dem ab 1913 »Geburt, Heirat und Tod« eines jeden zu melden ist, den die Behörden der Gruppe »Zigeuner« zurechnen – reichsweit. Ihm folgt 1926 nach dem Erlass eines »Gesetzes zur Bekämpfung von Zigeunern, Landfahrern und Arbeitsscheuen« eine »Zigeunerpolizeistelle« beim Regierungspräsidium München – die staatlich organisierte Ausgrenzung der Sinti in der ersten deutschen Demokratie. Die gesammelten Daten bilden nach der Machtübernahme der Nationalsozialisten am 30. Januar 1933 die Grundlage für eine weitere Verschärfung behördlicher Ausgrenzung, Entrechtung und Verfolgung der Sinti und Roma im Deutschen Reich. Auf kommunaler Ebene werden sie von Schulbesuch und Berufsausübung ausgeschlossen und schrittweise aus der Gesellschaft gedrängt. Auf Erlass des Reichsführers SS Heinrich Himmler (1900–1945) wird Ende 1938 eine »Reichszentrale zur Bekämpfung des Zigeunerunwesens« geschaffen. Sie ordnet Sterilisationen, Zwangsarbeit und Einweisungen in Konzentrationslager an. Angehörige der Familie Reichmann kommen beispielsweise nach Buchenwald. Zugleich werden die antijüdischen »Nürnberger Rassegesetze« auch auf Sinti angewandt. Die »Rassenhygienische und kriminalbiologische Forschungsstelle« unter Leitung von Robert Ritter (1901–1951) betreibt mittels demütigender Untersuchungen »Rassenforschung« an Sinti und zwingt sie zur Preisgabe verwandtschaftlicher Verhältnisse. 1938 beginnt sie mit der nahezu lückenlosen Erfassung, die in 24.000 »Rassegutachten« mündet. Diese dienen ab 1940 als Grundlage für Deportationen. Auch die Familie Reichmann gerät immer mehr in Bedrängnis durch die Behörden. Dadurch, dass sie häufig den Ort wechseln, können sie zunächst einer Festsetzung oder Verhaftung entgehen.

1939 beendet Zilli bei einem längeren Aufenthalt in Ingolstadt die Volksschule und wird in Eichstätt gefirmt. Die Lage in Bayern wird für die Reichmanns immer bedrohlicher, sodass sie im Sommer desselben Jahres in das Sudetenland fliehen – nach Eger und Karlsbad, wo viele Verwandte leben. Dieser mehrheitlich deutsch besiedelte Landstrich hat bis zum Münchner Abkommen im Oktober 1938 zur Tschechoslowakei gehört und ist auf Drängen Adolf Hitlers (1889–1945) an das Deutsche Reich angeschlossen worden. Der Einmarsch der Wehrmacht in Prag im März 1939 und die Annexion der »Rest-Tschechei« als Protektorat Böhmen und Mähren hat dann das Schicksal dieses letzten demokratischen Staates in Mittelosteuropa besiegelt. Offenbar ist die Umsetzung nationalsozialistischer Terrormaßnahmen gegen Sinti zum Zeitpunkt der Flucht der Reichmanns dort jedoch noch nicht lückenlos, aber ihre Sicherheit währt nur scheinbar.

Mit dem deutschen Angriff auf Polen am 1. September 1939 beginnt der Zweite Weltkrieg. Bereits in den ersten Wochen nach dem Einmarsch erschießen SS, Militär und Polizei Zehntausende Menschen – auch Roma und Sinti. Im Frühjahr 1940 landen deutsche Verbände in Dänemark und Norwegen, anschließend überrollen sie Luxemburg, Belgien, die Niederlande und bis Mitte Juni Frankreich. Im Schatten des

Krieges verschärft die deutsche Führung die Verfolgung der Sinti im eigenen Land. Im Mai 1940 verschleppt die Kriminalpolizei über 2.000 Kinder, Frauen und Männer in das besetzte Polen. Zur selben Zeit, am 6. Mai 1940, wird Zillis Tochter Ursula Josefine *Gretel* in Eger geboren. Nach der kurzzeitigen Verhaftung Anton Reichmanns in Karlsbad flieht die Familie – Zilli, ihre Tochter Gretel und ihre Eltern sowie der jüngste Bruder Hesso – weiter und landet, vermutlich Ende 1940 / Anfang 1941, schließlich auf erobertem französischem Boden, im lothringischen Metz. Zillis ältester Bruder Stifto ist seit 4. Oktober 1940 Soldat der deutschen Wehrmacht im *Infanterie-Bataillon 73 Eger* und im benachbarten Elsass stationiert; mutmaßlich der Grund für die Ortswahl der Reichmanns. Stifto wird an die Ostfront versetzt und am 6. Februar 1942 in »Lidija bei Bussrikt«, so die Akten, durch einen Oberschenkeldurchschuss verwundet. Man weist ihn in die Lazarette Güstrow und Gera ein, das er am 1. April 1942 als geheilt verlassen kann. Bereits eine Woche zuvor, am 26. März 1942, hatte man ihn aus dem Heeresdienst entlassen – weil er Sinto ist. Stifto kehrt nach Eger zurück und muss in den dortigen Flugzeugwerken Zwangsarbeit leisten.

Anfang Juni 1942 fährt Zilli ins elsässische Straßburg, um zwei Cousinen väterlicherseits – Else *Bluma* Schubert und Katharina *Röschen* Strauß – abzuholen. Beide halten sich bei Franzosen versteckt. Zillis Vater möchte aber, dass die beiden zu den Reichmanns nach Metz kommen. Am nächsten Morgen, dem 8. Juni, gehen die drei Mädchen gemeinsam zum Straßburger Bahnhof, wo die Gestapo die zwei Gesuchten sowie – »eigentlich nur ein dummer Zufall« – auch Zilli verhaftet und alle drei in das Straßburger *Raspelhaus*, das Gefängnis Sainte Marguerite, einliefert. Es ist der Beginn einer fast dreijährigen Odyssee durch mehrere nationalsozialistische Lager und Haftanstalten.

Zilli kommt zunächst, am 30. Juli, in das Durchgangsgefängnis Zabern, nördlich von Straßburg, wird zwei Tage darauf nach Karlsruhe im »Altreich« verlegt, von wo sie in das Polizeigefängnis Leipzig gebracht wird. Hier registriert man sie am 11. August 1942 im Gefangenenbuch unter der Nummer *14.821.* Über Zwischenaufenthalte in Reichenberg und Prag gelangt sie am 19. Oktober in das »Strafarbeitslager« Lety. Anfang 1939 hatte die deutsche Besatzungsmacht in dem Ort südlich von Prag ein Arbeitslager eingerichtet und ab Juli 1940 tschechische

Zivilisten, darunter Roma, interniert. Seit August 1942 wird Lety ausschließlich für Roma genutzt. Angesichts der Lebensbedingungen ist Lety de facto ein Konzentrationslager. Über 1.000 Menschen, oft ganze Familien, sind hier gefangen; darunter viele Verwandte ihrer Mutter. Zilli muss Zwangsarbeit leisten – nach drei Wochen, am 12. November, gelingt ihr die Flucht aus Lety. Sie schlägt sich nach Böhmisch Leipa durch und kommt dort bei einer Verwandten unter. In deren Haus wird sie bei einer Razzia erneut verhaftet und in das gefürchtete Untersuchungsgefängnis der Gestapo *Pankratz* in Prag eingeliefert. Es ist anzunehmen, dass Zilli nach ihrer Verhaftung nach Lety hätte zurückgebracht werden sollen, da sich dort ihre Familie befand. Das Lager steht zu dieser Zeit jedoch unter Quarantäne – vermutlich der Grund, weshalb sie ins Gefängnis nach Prag-Pankratz gebracht wird.

Hier begegnet sie Frauen und Kindern aus dem böhmischen Dorf Lidice, das nach dem tödlichen Attentat des tschechischen Widerstandes auf Reinhard Heydrich (1904–1942), Leiter des Reichssicherheitshauptamts in Berlin und stellvertretender Reichsprotektor von Böhmen und Mähren, im Sommer 1942 im Rahmen einer »Vergeltungsmaßnahme« ausgelöscht worden war: 173 Männer und Jungen, die älter als 15 Jahre waren, wurden am Ort erschossen, Frauen und Kinder in verschiedene Haftstätten verschleppt.

Zillis Mutter Batschka Reichmann und ihr zweieinhalbjähriges Töchterchen Gretel kommen am 30. Dezember 1942 – wenige Wochen nach Zillis Flucht von dort – in Lety an. Sie waren zuvor im Gefängnis der Kriminaldirektion Prag festgesetzt worden. Zeitgleich wird Zillis 16-jähriger Bruder Hesso, der in Prag im Knabenheim *Dobrý pastýř* [Guter Hirte] untergebracht worden war, nach Lety überstellt. Am 25. Januar 1943 folgt der Vater, woher ist unklar. Möglicherweise aus der für Eger zuständigen Polizeidienststelle in Reichenberg. Allem Anschein nach sind die vier im November 1942 in ihrer Metzer Wohnung verhaftet und in einer ähnlichen Odyssee wie Zilli durch verschiedene Gefängnisse quer durch das Deutsche Reich nach Lety verschleppt worden. Die Verfolgungswege der Reichmanns vor ihrer Deportation nach Auschwitz geben Rätsel auf: Warum werden Zilli und die übrigen Mitglieder ihrer Familie, die mit ihr nach Metz geflohen waren, von dort oder in Zillis Fall aus Straßburg in das Protektoratslager Lety deportiert?

Als nächste Station folgt für Zilli – Auschwitz, wo sie am 11. März 1943 mit der Häftlingsnummer *Z-1959* tätowiert und aufgenommen wird. Mit Z kennzeichnet die SS all jene Häftlinge, die sie als »Zigeuner« kategorisiert. Auschwitz ist der größte Vernichtungskomplex des Deutschen Reiches. Die SS hat ihn innerhalb weniger Jahre aufgebaut. 1940 wird auf einem ehemaligen Kasernengelände nahe der polnischen Stadt Oświęcim zunächst das Konzentrationslager Auschwitz I (Stammlager) errichtet. Es dient der Internierung politischer Gefangener aus Polen. Später verschleppen die deutschen Besatzer auch sowjetische Kriegsgefangene hierher. Bevor ab Oktober 1941 das Vernichtungslager Auschwitz II-Birkenau – etwa drei Kilometer vom Stammlager entfernt – errichtet wird, tötet die SS Anfang September 1941 850 sowjetische Kriegsgefangene, Polen und Juden erstmals mit dem Giftgas *Zyklon B*. In Birkenau lässt die SS Ende 1941 Gaskammern bauen. Dort ermordet sie ab Frühjahr 1942 Juden aus ganz Europa. Am 16. Dezember 1942 befiehlt Reichsführer-SS Himmler die »familienweise« Einweisung von »zigeunerischen Personen« ohne Rücksicht auf ihren »Mischlingsgrad« nach Auschwitz. Hierfür wird Anfang 1943 im Abschnitt *B II e* des Vernichtungslagers Birkenau, in Baracken eines Pferdestalls, ein sogenanntes Zigeunerfamilienlager eingerichtet. Ab Februar kommen dann Transporte mit rund 14.000 Kindern, Frauen und Männern aus dem Großdeutschen Reich und etwa 9.000 aus elf weiteren Ländern dort an.

Zillis ältester Bruder Stifto wird vom 14. bis 16. März 1943 im Gefängnis Eger festgesetzt. Am Tag darauf, dem 17. März, wird er als Häftling des »Zigeunerfamilienlagers« registriert. Zilli erinnert sich daran, dass Stifto bei seiner Ankunft eine Wehrmachtsuniform getragen habe. Aus der Wehrmacht war er jedoch bereits Ende März 1942 entlassen worden. Was hatte es damit auf sich? Wenn er die Deportation tatsächlich in Wehrmachtsuniform antrat, so handelt es sich dabei um einen mutigen Akt der Selbstbehauptung. Zusammen mit Stifto treffen auch seine Schwester Guki, deren Mann und sechs ihrer Kinder aus Eger in Auschwitz ein. Die Zustände im Lager sind katastrophal: Es fehlen sanitäre Anlagen, die Menschen hungern – Hunger, ein bestimmendes Motiv der Erinnerungen Zilli Schmidts an Auschwitz. Am Ende wird sie nur noch 40 Kilogramm wiegen. Zwischenzeitlich erkrankt sie schwer – unter anderem an Typhus und Krätze – und wird am 17. Mai 1943 zur »Quarantäne« in das Stammlager überstellt, wo sie bis Anfang Juli bleibt.

Einige Wochen nach Zillis Rückverlegung in das »Zigeunerfamilienlager« trifft am 22. August ein weiterer Transport ein, in dem sich der Bruder Hesso und ihr Vater Jewero befinden. Die beiden waren am 27. Mai zusammen mit Zillis Mutter Batschka und der kleinen Gretel aus Lety nach Hodonín nördlich von Brünn verlegt worden. Dort gab es seit Sommer 1942 das zweite »Zigeunerlager« im Protektorat Böhmen und Mähren. Am 21. August 1943 werden fast alle Hodoníner Häftlinge – 434 Frauen und Mädchen sowie 334 Männer und Jungen, unter ihnen Hesso und Jewero – nach Birkenau verschleppt. Die Deportationen plant die deutsche Kriminalpolizei, die Durchführung erfolgt durch die tschechischen Protektoratsbehörden und ihre Gendarmerie. Batschka und Gretel sind nicht unter den Deportierten. Erst fünf Monate später, am 28. Januar 1944, kommen sie ebenfalls im »Zigeunerfamilienlager« an. Wo sich die beiden seit Ende August befanden, ist unklar. Waren sie weiterhin in Hodonín inhaftiert? Oder gelang es Batschka, mit ihrer Enkelin zu fliehen, konnte sie mit dem Kind untertauchen, ehe sie erneut aufgegriffen und dann nach Auschwitz deportiert wurde?

Ende Januar 1944 befindet sich die gesamte Familie Reichmann in Auschwitz. Zilli fühlt sich für sie alle verantwortlich und sorgt für sie, zunächst indem sie »klaut wie eine Rabe«. Sie ergreift jede sich bietende Gelegenheit an Dinge zu kommen, mit denen sie die Not ihrer Familie lindern kann, oftmals unter Einsatz ihres Lebens. »Aber niemals von Menschen, die das Brot gebraucht haben, sondern im Magazin, in der Küche«, betont sie. Und dann tut sie etwas, um den Ihren zu helfen, zu dem sie sich nicht ohne Weiteres entschließt: Sie geht eine Beziehung mit Hermann Dimanski (1909–1976) ein, der ab Mitte 1943 Blockältester, dann Lagerkapo und schließlich Lagerältester im »Zigeunerlager« ist. Dimanski, Kommunist und »Rotspanienkämpfer«, ist seit Oktober 1942 in Auschwitz inhaftiert. Wegen seiner Funktion verfügt er über einen eigenen Raum in einer Baracke, hier treffen Zilli und er einander. Er unterstützt und beschützt Zilli und ihre Familie. Im Lager wird Dimanski »Zigeunerbaron« genannt. Dank seiner verschwindet Zillis Nummer zweimal von der Liste für die Gaskammer, zweimal rettet er seine

Geliebte vor dem Tod. Wenngleich sie über ihn sagt: »Das war ein guter Mann, der konnte keinem Menschen etwas Böses«, so folgt sie mit ihrer Entscheidung für die Verbindung mit ihm doch reinem Pragmatismus: »Ich habe hin- und herüberlegt: ›Machst du es doch oder machst du es nicht?‹ Ich habe es doch gemacht. Das war eine Entscheidung aus Vernunft.« Das Leben als Dimanskis Geliebte sichert Zillis Überleben und das ihrer Lieben, zugleich bedeutet es aber empfindliche innere und äußere Konflikte: »Ich und ein Gadjo, das war schlimm. [...] Wie sah das denn aus? Die Not hat das gemacht. [...] Mein Vater hat ihn dann respektiert und meine Mutter auch. Das war für mich wichtig.«

Doch auch jemand wie Dimanski kann das Leid der Sinti- und Romafamilien in Auschwitz nur lindern: Durch Hunger, willkürliche Tötungen und Giftgas kommen zwischen März 1943 und Mai 1944 an die 19.000 Menschen zu Tode. Zugleich missbrauchen SS-Ärzte wie Josef Mengele (1911–1979) gezielt Roma und Sinti für medizinische Experimente. Ein Teil der Häftlinge wird zur Schwerstarbeit eingeteilt. Auch Zillis Bruder Hesso, während seiner Haft in Auschwitz 17 und 18 Jahre alt, ist einem dieser Kommandos zugewiesen. Er berichtet: »Wir arbeiteten am Weichseldurchstich. Wir hatten dort jeden Tag viele Tote. Morgens rückten wir mit 100 Häftlingen aus, abends waren wir manchmal nur noch 80 lebende Häftlinge. Wir waren ja alle unterernährt und mussten im Winter im kalten Wasser arbeiten. Das hielt keiner lange durch.« Zilli kann schließlich bewirken, dass Hesso aus dem Arbeitskommando zurück zur Familie in Block 6 kommt.

Um die bevorstehenden »Judentransporte« aus Ungarn unterzubringen, versucht die SS am 16. Mai 1944, das »Zigeunerfamilienlager« aufzulösen. Die Betroffenen setzen sich zur Wehr, sodass die SS sich zurückziehen muss. In den folgenden Wochen sammelt die SS alle arbeits- und zum Widerstand fähigen Häftlinge heraus, überstellt sie in ein »Quarantänelager« im Auschwitz-Komplex und verschleppt sie dann in Konzentrationslager wie Ravensbrück, Flossenbürg oder Buchenwald. Stifto – am 16. September 1943 im Häftlingskrankenhaus des Stammlagers, Block 21, zwangssterilisiert – entflieht einem solchen Transport, wahrscheinlich im Juni 1944: »Ich hielt mich dann lange Zeit versteckt bei Tschechen im Sudetenland, bis ich durch den Einmarsch der Alliierten frei wurde.«

Dimanski wird am 11. Juli 1944 als Lagerältester abgelöst und schließlich in eine Strafkompanie an der Front versetzt; ein schwerer Schlag für die Reichmanns und andere Sinti. Trotz seiner Absetzung drei Wochen zuvor ist er am 2. August 1944, als die SS das »Zigeunerfamilienlager« »liquidiert«, noch am Ort. 1964 sagt er im »Auschwitz-Prozess« aus: Wer das »unvorstellbare Geschrei dieser Menschen gehört hat, wird es nie vergessen können. [...] Das war das Schlimmste, was ich erlebt habe. Die Zigeuner haben ihre Leben teuer verkauft. Während die Juden singend ins Gas gingen, wobei sie religiöse Lieder sangen, haben sich die Zigeuner gewehrt. Das Schreien dauerte bis spät in die Nacht an. Ich erlitt einen Nervenzusammenbruch.« Dimanski kommt im Januar 1945 erneut nach Auschwitz, gelangt nach der Auflösung des Lagers mit einem Todesmarsch nach Buchenwald und wird dort am 11. April 1945 von den Amerikanern befreit.

Ebenfalls am 2. August 1944 verlässt der wohl letzte Häftlingstransport mit Sinti das »Quarantänelager«, in ihm befindet sich Zilli. Aber der Zug hält auf Höhe des »Zigeunerlagers« noch einmal an. Zilli sieht ihren Vater, der Gretel festhält, weint und zu ihr sagt: »Zilli, ich weiß nicht, wo Du hinkommst, vielleicht kommst Du um mit der Gretel, lass mir mein Kind da!« Sie will zu ihnen, doch Mengele stellt sich ihr in den Weg, verpasst ihr eine Ohrfeige – die zu einem bleibenden Hörschaden führt – und schickt sie zurück in den Zug. Der setzt sich Richtung Norden in Bewegung, vorbei an den Verbrennungsöfen. Etwa 4.300 Sinti und Roma – Kinder, Frauen und Alte, darunter Zillis vierjährige Tochter Gretel, ihre Eltern, die Schwester mit ihren sechs Kindern und zahlreiche weitere Verwandte – werden in den folgenden Stunden in den Gaskammern von Auschwitz-Birkenau ermordet.

Zilli erreicht das Konzentrationslager Ravensbrück – zusammen mit ihrer Cousine Tilla – am kommenden Tag, dem 3. August 1944, und erhält als »asoziale Zigeunerin« die Häftlingsnummer *48.160*. Als sie kurz darauf von einer polnischen Frau, die sie als Funktionshäftling im »Zigeunerfamilienlager« in Birkenau kennengelernt hatte, hört, alle, die am 2. August noch dort waren, seien ermordet worden, bricht sie zusammen. Bei Fürstenberg, 90 Kilometer nördlich von Berlin, betreibt die SS seit Frühjahr 1939 das speziell für Frauen bestimmte »Schutzhaftlager« Ravensbrück. Der Alltag der Gefangenen wird von stundenlangem Appellstehen und schwerer körperlicher Arbeit beherrscht. Im Laufe des Jahres 1944 kommen tausende Gefangene aus evakuierten Haftstätten im besetzten Frankreich sowie geräumten Konzentrationslagern im Osten hinzu. Die Baracken von Ravensbrück sind restlos überfüllt. Deshalb lässt die SS im August 1944 ein Zelt errichten, das bald zu einem zentralen Ort des Massensterbens wird. Zilli und Tilla werden zu den *Arado*-Flugzeugwerken in Wittenberg überstellt und müssen in Tag- und Nachtschichten Teile für Jagdflugzeuge herstellen. Hier treffen sie auf einen Zivilarbeiter, der Mitleid mit den jungen Frauen hat. Er hilft ihnen bei der Flucht, die am 24. Februar 1945 gelingt. Die beiden gelangen zu Fuß nach Berlin. Am Stadtrand, im Bezirk Marzahn, hatte die Polizei anlässlich der Olympischen Spiele 1936 etwa 600 Sinti – oft mit ihren Wagen – auf freiem Feld interniert. Die meisten von ihnen waren 1943 nach Auschwitz deportiert worden. Anfang 1945 leben dort noch 55 Menschen, die vor allem beim Bombenräumen eingesetzt sind, darunter Zillis Onkel Bawo. Sicher sind die jungen Frauen dort nicht, Berlin wird bombardiert. Außerdem geht der Onkel davon aus, dass es unter den wenigen Verbliebenen im Lager *Zinker* (Verräter) gibt. Zilli und Tilla begeben sich zum Amt für Flüchtlinge, geben sich als »Else und Renate Müller« aus Küstrin aus und erhalten anstandslos neue Papiere. Der Aufenthalt in der Reichshauptstadt ist wegen der ständigen Bombenangriffe und der herannahenden Roten Armee gefährlich, deshalb setzen sich »Else und Renate« zunächst nach Böhmisch Leipa im Sudetenland ab, wo Verwandte wohnen. Doch ihr Ziel ist Österreich: »Ich war doch immer so unternehmungslustig, da habe ich gedacht, wir gehen nach Wien.« Allerdings bleiben die jungen Frauen in dem niederösterreichischen Dorf Schrick hängen. Hier finden sie Unterkunft und Arbeit und erleben das Kriegsende am 8./9. Mai 1945. Zilli ist nun frei – und hofft noch immer, ihre Tochter Gretel wiederzufinden. Doch eine Suchmeldung über das Rote Kreuz bleibt erfolglos – und die Traumata aufgrund jahrelanger Angst und Gefangenschaft, Zwangsarbeit und insbesondere des Verlustes ihrer Angehörigen werden sie fortan begleiten.

Indes Tilla zu ihrem Mann nach Weiden in der Oberpfalz heimkehrt, begibt sich Zilli nach Eger, wo sie vor Verfolgung und Deportation lebte. Und tatsächlich steht in der Kleinstadt noch der Reichmannsche Wohnwagen – unversehrt, mit der gesamten Einrichtung und auch einmaligen Fotos, die zum Teil im Abbildungsteil dieses Buches zu finden sind. Und noch viel mehr: Auch ihr großer Bruder Stifto ist in Eger, das am 26. April 1945 amerikanische Einheiten erobert haben. Er nimmt sich ihrer an und wird zum Ersatzvater. Bald darauf trifft auch Hesso in Eger ein, er ist am 3. August 1944 in Buchenwald eingeliefert und dort von den Amerikanern befreit worden. Eine Weile bleiben die drei zusammen, dann trennen sich ihre Wege – Zilli geht nach Nürnberg und hausiert bei den Amerikanern. Dabei eignet sie sich ein, wie sie sagt, ganz passables Englisch an. In Nürnberg lernt sie auch Albert *Toni* Schmidt kennen. Er hat das Konzentrationslager Neuengamme überlebt und ebenfalls einen Großteil seiner Familie in Auschwitz verloren. Beide heiraten 1948 – »so wie die Sinti« – ohne Trauschein; erst 1973 folgt der Gang zum Standesamt. Toni ist Berufsmusiker, Zimbalist. Mit seiner Kapelle *Romano* tritt er in ganz Deutschland und teils sogar außerhalb auf. Bei Konzerten unterstützt Zilli ihren Mann und die anderen Musiker als Kassiererin. Vor allem aber ist sie selbst als Unternehmerin tätig. Weiterhin betreibt sie ein Tür-zu-Tür-Geschäft mit Spitzenwaren, sie steigt jedoch auch in den Teppichhandel ein. Damit verdient sie sehr gut. Doch die wirtschaftliche Entwicklung der jungen Bundesrepublik macht die traditionellen Handwerksberufe und Dienstleistungen, so auch den ambulanten Handel, allmählich überflüssig, das »Landfahrertum« wird auch offiziell eingeschränkt, teils verboten. Zudem erleben sie – die wenigen Überlebenden – weiterhin erhebliche rechtliche und gesellschaftliche Ausgrenzung.

Am 30. Juni 1950 stellt Zilli – seit November 1947 in Augsburg, wo auch Stifto als Musikhändler lebt, »amtl[ich] gem[eldet]« – einen »Antrag auf Grund des Gesetzes zur Wiedergutmachung nationalsozialistischen Unrechts« beim Bayerischen Landesentschädigungsamt in München. Automatisch erfolgt eine »Überprüfung zigeunerischer Personen« durch das Zentralamt für Kriminal-Identifizierung und Polizeistatistik des Landes Bayern, das wie selbstverständlich auf Unterlagen des Dritten Reiches zurückgreift. Dass die zuständige Bearbeiterin auch bei der Prüfung von Zilli Schmidts Fall so vorgeht, wird offensichtlich, als sie ihr die Sintinamen ihrer Eltern referiert. Die Namen kann sie von nirgendwo anders wissen als aus der genealogischen Dokumentation der »Rassehygienischen Forschungsstelle«. Die folgenden Jahre sind von anwaltlichen Schreiben an die Behörden und deren abweisenden Antworten, Zeugenbefragungen und entwürdigenden medizinischen Gutachten geprägt, die mehrere Aktenordner füllen. Das Bayerische Landeskriminalamt etwa bescheinigt im Sommer 1955, dass »rassische Gründe bei der Festnahme [...] bis zur Einweisung in das KZ-Lager Auschwitz im März 1943 kaum unterstellt werden« können. Und drei Jahre später befindet der Bundesgerichtshof pauschal in eben diesem Sinne. Dieses entwürdigende Urteil wird erst 1963 aufgehoben. Zilli befindet sich zu dieser Zeit in einer »wirtschaftlichen Notlage«, wie ihr Anwalt dem Landesentschädigungsamt im Oktober 1955 mitteilt. Es dauert noch ein weiteres Jahr, bis die Behörden ihr eine »Freiheitsentziehung von 26 vollen Monaten« – für die Zeit ab dem 1. März 1943 und eine Entschädigung in Höhe von 3.900 DM zuerkennen. Zilli legt Widerspruch ein, und es vergehen zehn Jahre des Hin-und-Hers – bis Oktober 1966 –, bis der Freistaat Bayern als »Beklagter« ihr 1.200 DM für weitere acht Monate Haft zwischen 30. Juli 1942 und Ende Februar 1943 in einem Vergleich bewilligt. Ein weiterer Antrag auf »Soforthilfe für Rückwanderer« wird Anfang 1967 vom Landesentschädigungsamt abgelehnt – mit der Begründung, dass die Stadt Eger als »letzter Wohnsitz vor der Einweisung in das KL Auschwitz« nicht »innerhalb des Reichsgebiets nach dem Stande vom 31.12.1937« liege. Auch hier lässt Zilli nicht locker und erstreitet erneut einen Vergleich über eine »Kapitalentschädigung« von 6.000 DM im August 1969.

Zillis jahrzehntelanger, schmerzlicher und entwürdigender Kampf um Anerkennung ihres Leides steht beispielhaft für den bundesdeutschen Umgang mit den überlebenden Sinti und Roma. Erst in den 1980er Jahren gewinnt der nationalsozialistische Völkermord an diesen Minderheiten durch eine erstarkende Bürgerrechtsbewegung eine Öffentlichkeit und viel zu späte Anerkennung. Auch der Prozess gegen SS-Rottenführer Ernst-August König (1919–1991) zwischen 1987 und 1991 in Siegen trägt dazu bei: König war ab Frühjahr 1943 als Blockführer im »Zigeunerlager« in Auschwitz-Birkenau tätig. Zilli und Hesso sagen im Februar 1988 aus. Das Landgericht verurteilt König wegen mehrfachen Mordes am 24. Januar 1991 zu einer lebenslangen Haftstrafe, er begeht im Anschluss Selbstmord.

1989 stirbt Toni. Auch wenn die Ehe nicht immer leicht war und beide fast nie über ihre Erlebnisse in den Lagern gesprochen haben, war er für Zilli in der Bilanz ihres gemeinsamen Lebens doch »ein großer Baum, wo ich mich festhalten konnte«. Nach seinem Tod werden die schmerzhaften Erinnerungen wieder drängender, beginnen, sie des Nachts zu verfolgen. Sie zieht zu Hesso nach Mühlheim an der Ruhr und nach dessen Tod 2011 wieder zurück nach Mannheim, wo sie lebt. Im Oktober des Folgejahres, 2012, wird in Berlin das nationale Denkmal für die im Nationalsozialismus ermordeten Sinti und Roma Europas eingeweiht. Zilli ist nicht unter den geladenen Überlebenden. Sie ist nicht anwesend, weil auch unter unseren Partnerorganisationen der deutschen Sinti und Roma niemand um sie und ihre Geschichte weiß. Erst 2018 finden wir sie schließlich – zunächst dank Heiko Haumanns und seines Buches *Die Akte Zilli Reichmann*. Zum tatsächlichen Kontakt kommt es schließlich dank Romeo Franz', der als persönlicher Türöffner zu Zilli Schmidt wirkt. Im Juli 2018 nimmt die Stiftung mit ihr ein lebensgeschichtliches Interview auf, am 2. August des Jahres spricht sie anlässlich der Gedenkstunde für die Opfer der »Liquidation des Zigeunerfamilienlagers« in Auschwitz-Birkenau 1944 am »Denkmal für unsere ermordeten Menschen« und am 4. April 2019 gibt sie im Rahmen des Welt-Roma-Tages ihr erstes Zeitzeugengespräch in der Tschechischen Botschaft in Berlin.

Der Lebensbericht Zilli Schmidts ist der einer Jahrhundertzeugin. Die Begegnung mit ihr begreifen wir als ein großes Glück. Zilli ist auch jenseits ihrer Geschichte als Überlebende des Völkermords an den Sinti und Roma eine ganz besondere, zutiefst beeindruckende Frau. So schonungslos sie berichtet, so fein hat sie für sich die Grenzen dessen, was »jemand sagen muss«, zum Unsagbaren gesteckt. Wir danken Zilli von Herzen, dass sie in dieser späten Phase ihres Lebens noch die Kraft, den Mut und die Offenheit aufbringt, derart ungeschminkt und umfassend Zeugnis über sich abzulegen und ihre Geschichte öffentlich zu machen. Während der vielen Gespräche auf dem Weg zum vorliegenden Text gelangte Zilli immer wieder zu den Fragen: »Warum ist das so? Warum bin ich immer noch hier, wo ich doch so viele Male so auf der Kippe, oder eigentlich jenseits der Kippe stand?« Und bei der Beantwortung dieser Fragen kommt sie stets zum selben Schluss:

»Ich hatte Gott bei mir, schon immer. Er hat mit mir etwas vorgehabt: Jemand muss sagen, was sie mit den Sinti gemacht haben, – damals, die Nazis. Das wissen viele heute immer noch nicht. [...] Ich habe einen Auftrag. Solange ich noch hier bin, erzähle ich meine Geschichte und vergesse es auch nicht. Ich vergesse es nicht und erzähle meine Geschichte, bis ich meine Augen zumache und bin bei meinem Herrn ...«

Jana Mechelhoff-Herezi   Uwe Neumärker

ORTSNAMENKONKORDANZ

Auschwitz – Oświęcim
Böhmisch Leipa – Česká Lípa
Brünn – Brno
Eger – Cheb
Karlsbad – Karlovy Vary
Küstrin – Kostrzyn nad Odrą
Lötzen – Giżycko
Prag – Praha
Reichenberg – Liberec
Straßburg – Strasbourg
Zabern – Saverne

ABBILDUNGSNACHWEIS

Archives départementals du Bas-Rhin, Prison Sainte Marguerite, Straßburg:
Abb. 17, 18 (757D76), Abb. 19 (757D77), Abb. 21 (757D78), Abb. 22 (1184W62)
Bayerisches Hauptstaatsarchiv, BayHStA-A II-5051.9-2429/1/2, Entschädigungsakte
Stefan Reichmann LEA 29682: Abb. 51
Biliothèque numérique de l'ENAP, Prison Sainte Marguerite, Strasbourg / Henri Manuel, 1930
Documents iconographiques (Notice: I29573): Abb. 20
Bundesarchiv: Abb. 42 (Bild 146-1987-035-01), 43 (B 145 Bild P054320)
Instytut Pamięci Narodowej, Warschau: Abb. 33 (Foto: St. Mucha, Krakau)
ITS Digital Archive, Arolsen Archives: Abb. 40 (Häftlingspersonalkarte KZ Buchenwald,
Otto Reichmann, 1.1.5.3/6910510)
Landesamt für Finanzen, Landesentschädigungsamt München:
Schmidt, Zilli, BEG–Az. 64919/V/3840, Stamm-Nr. 1007240637: Abb. 52, 53, 54, 55, 56, 57
Landesarchiv Baden-Württemberg, Generallandesarchiv Karlsruhe,
364 Zugang 1975-3 II Nr. 24, Seiten 55/56: Abb. 31, 32
Mahn- und Gedenkstätte Ravensbrück: Abb. 41
Marko Priske: Abb. 79, 80, 83, 84
MMCD NEW MEDIA GmbH, Düsseldorf: Übersichtskarte
Musée de la Moselle en 1939 – 45 Espace-Mémoire, Hagendingen: Abb. 14
Nationalarchiv Prag, GKNP 1622/II, Karton Lety-Běchovice, nicht inventarisiert, S-1625-9/9-40,
Kopien der Fotos: Privatarchiv Markus Pape, Prag: Abb. 25
Państwowe Muzeum Auschwitz-Birkenau w Oświęcimiu: Abb. 33, 34, 35, 36, 38 (neg.nr 20995-398)
Roma Trial e. V., Berlin: Abb. 76, 81, 82
Sammlung Márie Bártová, Privatarchiv Markus Pape, Prag: Abb. 23, 24, 27
SOA Třeboň, CT Lety, inv. č. 70, sign. 3.C.1, karton 14, fol. 169 a, 200, Dodání osob do cikánského
tábora, Zilli Reichmann, Margarete Reichmann, 1942: Abb. 26, 30
Stiftung Denkmal für die ermordeten Juden Europas, Berlin: Abb. 16, 28, 77, 78
Stiftung Denkmal für die ermordeten Juden Europas / RomaTrial e. V., Berlin: Abb. 85, 86, 87, 88
Wikipedia / gemeinfrei: Abb. 2, 3, 4, 10, 11, 13, 15, 29, 39

Alle übrigen: Zilli Schmidt

Abb. 1: Unbekannter Ort, 1910–1915: 2.v.l.: Onkel Bawo (Bruder des Vaters), mit Schiebermütze: Zillis Vater Anton Jewero Reichmann, vor ihm seine Schwester Stewela, ihre Kinder und 2.v.l.: Schraubi, ihr Mann, 2.v.r.: Henkeli, ein weiterer Verwandter. Der Wagen mit dem Pferd im Hintergrund ist wahrscheinlich nicht der der Reichmanns.

Abb. 2: Ellwangen in Württemberg, Anfang des 20. Jahrhunderts: 1882 Geburtsort des Vaters Anton Reichmann, genannt *Jewero*

Abb. 3: Lötzen in Ostpreußen, 1920er Jahre: 1884 vermutlicher Geburtsort der Mutter Bertha Brandt, genannt *Batschka*

Abb. 4: Hinternah, 1920er Jahre: In dem Ort im Thüringer Wald erblickt Zilli am 10. Juli 1924 um 11.30 Uhr in der Wohnung des Gemeindedieners das Licht der Welt.

Abb. 5: vermutlich Thüringen, Anfang der 1930er Jahre: v.l.n.r.: Zillis Geschwister Stifto und vermutlich Esla, links Stiftos Frau Wirza, sowie ihre Eltern vor einem Wohnwagen

Abb. 6: Mitte der 1930er Jahre: Frau links: Zillis Tante Stewela, stehend mit Strickjacke Zillis Schwester Guki, links neben ihr ihre Tochter Helga, sitzend mit Baby auf dem Schoß Zillis Mutter Batschka und ebenfalls sitzend Batschkas Cousine Stiega, links außen: vermutlich Zilli; im Hintergrund der hölzerne Wohnwagen der Reichmanns mit der Zugmaschine, einem *Lanz Bulldog*

Abb. 7: 1929/30: v.l.n.r.: Zilli mit Eis, Cousin und Cousine Willi und Bluma Schubert. Zilli will sich fürs Foto besonders schick machen, zieht das Spitzenkleid aus Apolda in der Eile über ihr Alltagskleid und vergisst, es richtig zuzumachen: »So sieht es ganz abgerissen aus.«

Abb. 8: Zillis Schwester Gucki (rechts), Mitte 1930er Jahre

Abb. 9: Prag, 1939/40: Zilli (rechts) und ihre Cousine Tilla

Abb. 10: Karte des Sudetenlandes, um 1938: Dieser deutschsprachige Teil der Tschechoslowakei wird nach dem Münchner Abkommen vom 30. September 1938 an das Deutsche Reich angegliedert.

Abb. 11: Eger, um 1940: Die Reichmanns fliehen im Sommer 1939 in das Sudentenland und wohnen bis Sommer 1940 hauptsächlich in der Stadt an der Eger.

Abb. 12: Metz, um 1942: Zillis Tochter Ursula Josefine, genannt Gretel, kommt am 6. Mai 1940 in Eger zur Welt. Dieses Foto, so Zilli, sei das »Kostbarste«, das sie besitze.

Abb. 13: Metz, 1910er Jahre: In der lothringischen Stadt an der Mosel leben die Reichmanns in einer gemieteten Wohnung von Ende 1940 / Anfang 1941 bis zu ihrem Abtransport im November 1942. Zilli wird bereits am 8. Juni 1942 in Straßburg verhaftet.

Abb. 14: Metz, um 1940/41: Nach dem »Frankreichfeldzug« im Sommer 1940 werden das Elsass und Lothringen – propagandistisch begleitet – in das Deutsche Reich eingegliedert.

Abb. 15: Straßburg, 1920er Jahre: die Rheinbrücke mit Blick nach Kehl. Zilli besucht Anfang Juni 1942 ihre Cousinen Katharina *Röschen* Strauß und Else *Bluma* Schubert, die versteckt bei einer französischen Familie in der Nähe leben.

Abb. 16: Straßburg, um 1914: Am Hauptbahnhof werden Zilli, Röschen und Bluma am 8. Juni 1942 verhaftet und in das Gefängnis Sainte Marguerite – *Raspelhaus* – eingeliefert.

Straftat: Zigeunerin
Name: Reichmann
Vorname: Zilli
geb. am: 10.7.1924
in: Hinternah
Kreis: Schleusingen
Größe: 152,5 cm.
Gesicht: oval
Haarfarbe: schwarz
Augen: dkl. braun
Bes. Kennzeichen: ./.

Kriminalpolizeileitstelle
Straßburg

Beschreibung
(die zutreffenden Angaben sind zu unterstreichen)

1. Größe: 1 m 52,5 cm
2. Gestalt: stark, untersetzt, schlank, schwächlich.
3. Schulterneigung: schräg, waagerecht.
4. Haar: Farbe: hell-, mittel-, dunkelblond, braun, schwarz, rot, grau, graugemischt, weiß.
   Form: _____ Fülle:
5. Gesicht: Farbe:
   Form: oval Fülle:
6. Stirn: hoch, niedrig, zurückweichend, senkrecht, vorspringend.
7. Augen: blau, grau, gelb, hell-, <u>dunkel</u>-, ~~schwarz~~braun.
8. Augenbrauen: Farbe (wenn vom Kopfhaar abweichend, gefärbt):
   Form: _____ Fülle:
9. Nase: klein, mittel, groß, dick, schmal, breit, eingebogen, geradlinig, ausgebogen, winklig, gebogen, wellig, Stumpf-, Adlernase.
10. Ohren: klein, mittel, groß, abstehend, anliegend, durchlocht.
11. Mund: klein, mittel, groß, dünne Lippen, aufgeworfene Lippen.
12. Zähne: vollständig, lückenhaft, auffallend groß oder klein, schräg gestellt, falsches Gebiß oben oder unten.
13. Kinn: spitz, breit, Doppelkinn, Grübchen.
14. Hände und Füße: (wenn besonders groß oder klein).
15. Gang und Haltung: (wenn besonders auffallend).

Abb. 17/18: Straßburg, 8. Juni 1942: Zillis Registrierung in »Schutzhaft« bei der Polizeileitstelle unter der Nummer *408/42*, »Straftat: Zigeunerin«

Abb. 19: Straßburg, 8. Juni 1942: Blume Schuberts Registrierung bei der Polizeileitstelle unter der Nummer *405/42*, geboren am 20. Dezember 1921 in Süpplingen (Kreis Helmstedt), »Beruf: Artistin«

Abb. 20: Straßburg, 1930: Außenfront des Gefängnisses Sainte Marguerite, in dem die drei Mädchen interniert sind

Abb. 21: Straßburg, 8. Juni 1942: Katharina Strauß' Registrierung bei der Polizeileitstelle unter der Nummer *406/42*, geboren am 17. März 1911 in Deutsch Krone (Westpreußen), »Beruf: Sängerin«

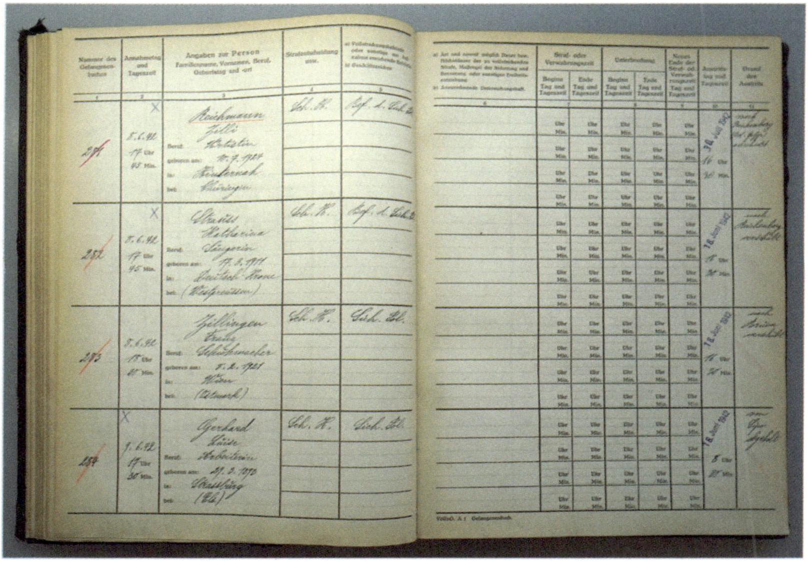

Abb. 22: Straßburg, 8. Juni 1942: Eintrag Zillis im »Gefangenenbuch« von Sainte Marguerite (oben), wo sie vom 8. Juni 1942 (17.45 Uhr) bis zum 30. Juli 1942 (16.30 Uhr) inhaftiert ist

Abb. 23: Lety, Frühjahr 1943: Das »Strafarbeitslager« südlich von Prag wird im August 1942 zu einem Konzentrationslager für »Zigeuner«. Propagandaaufnahme vor der Deportation ins Vernichtungslager Auschwitz von der Lagerkommandantur aus.

Abb. 24: Lety, Winter 1942/43: Ansicht des Lagers. In den zwei größeren Baracken in der Bildmitte sind Kinder getrennt von ihren Eltern untergebracht. Ab Ende 1942 ist auch ein Teil der Familie Reichmann hier inhaftiert.

Abb. 25: Lety, 1940: Zwangsarbeit der Häftlinge im nahegelegenen Steinbruch unweit der Gemeinde Lety, Propagandafoto. Zilli schreibt: »Wir mussten im Wald arbeiten, mussten im Steinbruch arbeiten, auf den Straßen arbeiten.«

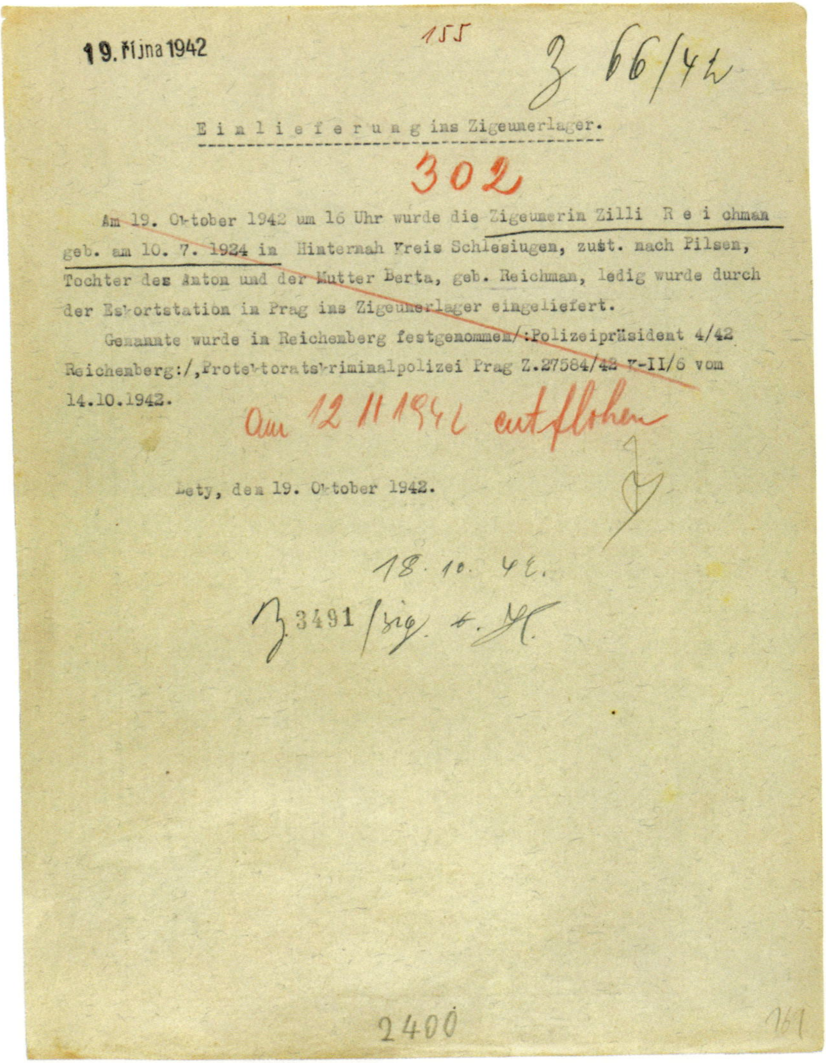

19. Října 1942

Einlieferung ins Zigeunerlager.

302

Am 19. Oktober 1942 um 16 Uhr wurde die Zigeunerin Zilli R e i chman geb. am 10. 7. 1924 in Hintermah Kreis Schlesiugen, zust. nach Pilsen, Tochter des Anton und der Mutter Berta, geb. Reichman, ledig wurde durch der Exportstation in Prag ins Zigeunerlager eingeliefert.

Genannte wurde in Reichenberg festgenommen/:Polizeipräsident 4/42 Reichenberg:/,Protektoratskriminalpolizei Prag Z.27584/42-V-II/6 vom 14.10.1942.

Am 12/11 1942 entflohen

Lety, den 19. Oktober 1942.

18. 10. 42.

Z 3491 /sig.

2400

Abb. 26: Lety, 19. Oktober 1942: Bestätigung der »Einlieferung ins Zigeunerlager« für Zilli Reichmann mit der handschriftlichen Notiz »am 12. 11. 1942 entflohen«

Abb. 27: Lety, Frühjahr 1943: Im Lager sind oft ganze Familien gefangen. Die Aufnahme der Kinder entstand kurz vor ihrer Deportation ins Vernichtungslager Auschwitz-Birkenau, Propagandafoto. Die genaue Zahl der Häftlinge und Lageropfer ist bis heute nicht geklärt.

Abb. 28/29: Zilli wird Ende 1942 erneut gefasst und in das gefürchtete Untersuchungsgefängnis der Gestapo *Pankratz* in Prag überstellt.

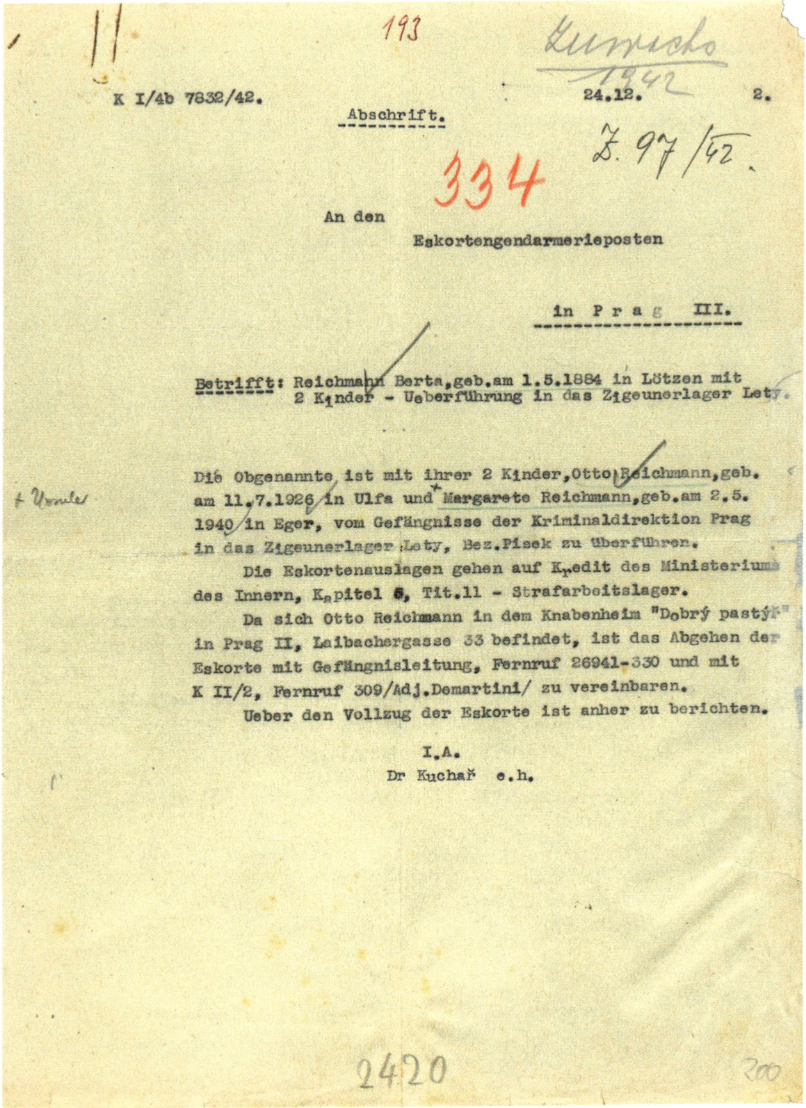

K I/4b 7832/42.   Abschrift.   24.12.42   2.

334

An den

Eskortengendarmerieposten

in P r a g III.

Betrifft: Reichmann Berta, geb. am 1.5.1884 in Lötzen mit
2 Kinder – Ueberführung in das Zigeunerlager Lety.

Die Obgenannte ist mit ihrer 2 Kinder, Otto Reichmann, geb.
am 11.7.1926 in Ulfa und Margarete Reichmann, geb. am 2.5.
1940 in Eger, vom Gefängnisse der Kriminaldirektion Prag
in das Zigeunerlager Lety, Bez. Pisek zu überführen.

Die Eskortenauslagen gehen auf Kredit des Ministeriums
des Innern, Kapitel 6, Tit. 11 – Strafarbeitslager.

Da sich Otto Reichmann in dem Knabenheim "Dobrý pastýř"
in Prag II, Laibachergasse 33 befindet, ist das Abgehen der
Eskorte mit Gefängnisleitung, Fernruf 26941-330 und mit
K II/2, Fernruf 309/Adj. Demartini/ zu vereinbaren.

Ueber den Vollzug der Eskorte ist anher zu berichten.

I.A.
Dr Kuchař e.h.

Abb. 30: Befehl zur »Überführung in das Zigeunerlager Lety« von Zillis Mutter,
ihrem Bruder Hesso und ihrer Tochter Gretel vom 24. Dezember 1942

Abschrift.

Reichssicherheitshauptamt   Berlin, am 29. Januar 1943.
V A 2 Nr. 59 / 43 g

                                                       Geheim!

                      Schnellbrief

An
     die Leiter der Kriminalpolizeileitstellen
         - oder Vertreter im Amt -
     (ausgenommen KPLStelle Wien)

nachrichtlich an
a) den Leiter der Partei-Kanzlei
                                     in **München**
                                     Braunes Haus
b) den Reichsführer-SS, Reichskommissar für die Festigung
         deutschen Volkstums,
                                     in **Berlin**
c) alle Höheren SS- und Polizeiführer
     (ausgenommen Wien, Salzburg, Metz, Krakau, Oslo, Den
     Haag, Belgrad, Riga, Kiew, Rußland Mitte, Paris und z.b.V.)
d) alle Inspekteure der Sicherheitspolizei u.d.SD.
     (ausgenommen Wien und Salzburg)
e) alle Inspekteure, (Befehlshaber) der Ordnungspolizei
     im Reich (ausgenommen Wien und Salzburg)
f) die Leiter der Kriminalpolizeistellen
         - oder Vertreter im Amt -
     (ausgenommen KPSt. Linz, Graz, Salzburg, Klagenfurt,
     Innsbruck)
g) die Leiter der Staatspolizei-leit-stellen
         - oder Vertreter im Amt -
     (ausgenommen Wien, Linz, Graz, Salzburg, Klagenfurt,
     Innsbruck)

Abb. 31/32: »Schnellbrief« des Reichssicherheitshauptamtes an die Kriminalpolizeileitstellen vom 29. Januar 1943 mit Betreff »Einweisung von Zigeunermischlingen, Rom-Zigeunern und balkanischen Zigeunern in ein Konzentrationslager«, der Himmlers Erlass vom 16. Dezember 1942 ergänzt

- 2 -

h) die Leiter der SD(Leit)Abschnitte
   - oder Vertreter im Amt -
   (ausgenommen Wien, Linz, Graz, Salzburg, Klagenfurt, Innsbruck)

i) das SS-Wirtschafts-Verwaltungshauptamt
   - Amtsgruppe D - KL -
   z.Hd. von SS-Brigadeführer Glücks

   in __Oranienburg__

k) das Konzentrationslager - Kommandantur -
   in __Auschwitz__

l) das A m t I, Ref. B 3, im __Hause__
   zur Verteilung von 13 Überdrucken an
   die Schulen der Sicherheitspolizei u.d.SD.

m) das A m t II, Ref. A 1, im __Hause__

n) das A m t III, im __Hause__

o) das A m t IV Ref. B 4 im __Hause__

p) das Hauptamt Ordnungspolizei
   in __Berlin NW 7__
   Unter den Linden 72-74

__Betrifft:__ Einweisung von Zigeunermischlingen, Rom-Zigeunern und balkanischen Zigeunern in ein Konzentrationslager.

__Anlagen:__ 3

I.   Auf Befehl des Reichsführers-SS vom 16.12.1942
- Tgb. Nr. I 2652/42 Ad./HF/V. - sind Zigeunermischlinge, Rom-Zigeuner und nicht deutschblütige Angehörige zigeunerischer Sippen balkanischer Herkunft nach bestimmten Richtlinien auszuwählen und in einer Aktion von wenigen Wochen in ein Konzentrationslager einzuweisen. Dieser Personenkreis wird im Nachstehenden kurz als "zigeunerische Personen" bezeichnet.

        Die Einweisung erfolgt ohne Rücksicht auf den Mischlingsgrad familienweise in das Konzentrationslager (Zigeunerlager) Auschwitz.

-281-

Häftlings Nr.	Häftl. Art	Name	Vorname	Geburtsdatum			Geburtsort
				Tag	Monat	Jahr	
4341	A.D.	Walter-Bernhardt	Antonia	12	6	28	Deffnitz
4342	--	Bernhardt	Berta	14	5	31	Königsrab
4343	--	Bernhardt	Amalie	12	6	33	Lichnitz
4344	--	Bernhardt	Marta	17	7	10	Plöer
4345	--	Bernhardt	Christine	7	5	32	Olmütz
4346	--	Bernhardt	Eva	19	9	01	Lischwitz
4347	--	Bernhardt	Maria	28	7	23	Chotiebau
4348	--	Bernhardt	Silvia	4	3	28	Dessau
4349	--	Bernhardt	Elisabeth	24	8	30	Jihl
4350	--	Bernhardt	Julia	25	2	32	Peiz
4351	--	Bernhardt	Gertrud	13	5	38	Polsau
4352	--	Herrmann	Klemens-Bohm	28	9	15	Baustic
4353	--	Walter-Herrmann	Gertrud	10	1	33	Schwerey
4354	--	Walter-Herrmann	Amalie	4	10	33	Neugott
4355	--	Braun	Hulda	2	4	16	Ottisburg
4356	--	Braun	Hannelore	30	10	38	Greibhaus
4357	--	Braun	Helga	2	10	33	Grauhard-Maria
4358	--	Braun	Ilka	29	5	41	Eger
4359	--	Braun	Anna	25	3	10	Bischofswerda
4360	--	Herrmann	Johanna	24	1	11	Fritschdorf
4361	--	Herrmann	Helena	26	1	34	Budoys
4362	--	Herrmann	Renate	8	7	37	Lobusch
4363	--	Herrmann	Theresa	16	12	38	Olysdon
4364	--	Herrmann	Ulrike	4	3	41	Rotcblit
4365	--	Herrmann	Franziska	22	1	43	Rotoblits
4366	--	Herrmann	Franziska	13	1	94	Silusbraun
4367	--	Reita	Mathilde	20	3	15	Pirna
4368	--	Reita	Emie	20	12	37	Chemau
4369	--	Reita	Julia	11	10	08	Lischau
4370	--	Reita	Emilie	19	2	33	Chedau
4371	--	Reita	Mathilde	1	2	37	Chedau

Abb. 33/34: Eintrag ins Häftlingseingangsbuch vom 17. März 1943 für Zillis Schwester Hulda *Guki* Braun und ihre Töchter Hannelore, Helga und Ilka Braun (Nummern 4.355 bis 4.358)

-282-

Beruf	Eingang ins Lager	Anschrift	Bemerkungen
Arbeiterin			
Arbeiterin			
Arbeiterin			
Arbeiterin			
Arbeiterin			Transp. 16.4.44.
Arbeiterin			
Arbeiterin			

Häftlings Nr.	Häftl. Art	Name	Vorname	Tag	Monat	Jahr	Geburtsort
9952	Pol. Z.	Sidi	Rosalie	21	3	10	Svadlaven Lohta
53	"	Holomek	Helene	24	5	26	Wiesen b. Göding
✓ 54	"	Holomek-Daniel	Miroslava	1	2	19	Napajedl Bez. Zlin
✓ 55	Sits. Z.	Klimt	Rosa	12	2	03	Boskowitz
56	"	Lambinger	Katharine	–	–	81	Delitsch D.R.
57	"	Malik	Margarete	8	3	35	Oswietiman
58	"	Reichmann	Bertha	1	5	84	Lotschlo
59	"	Reichmann	Ursula	4	5	40	Eger
9960	S. Z.	Renz	Katharine	13	4	17	Salzwedel
61	"	Weiss	Rosina	5	5	82	Lyon
62	"	Weiss	Katharina	9	10	24	Völkerhausen
63	"	Weiss	Sonja	1	2	42	Breitscheit-Tittenburg
✓ 64	"	Weiss	Anna	25	5	27	Dreihausen-Marburg
✓ 65	"	Kanthe	Franziska	20	9	13	Eidlitz
66	"	Reinhard	Ella	16	1	25	Westerbeck
67	"	Reinhard	Anna	17	3	24	Obergennzern
68	"	Bernhardt	Marie	11	6	01	Bilin Sudetengau
69	"	Bernhard	Julie	26	9	32	Ketzelsdorf
9970	"	Papai	Anna	4	3	23	Liebing
✓ 71	"	Rosenbach	Cäzilia	20	10	96	Ludwigshafen
72	"	Amberger	Josepha	13	3	11	Tratting-Znaim
73	"	Amberger	Hermine	10	10	34	Laab a/Walde b. Wien
74	"	Amberger	Rosa	13	3	39	Wr. Neustadt
75	"	Fels	Hermine	24	12	33	Eggerding
76	"	Frost	Leopoldine	8	7	38	./.
✓ 77	"	Reinhardt	Johanna	14	10	30	Stuttgart
✓ 78	"	Reinhardt	Lidia	27	3	27	Bruchsal
79	"	Kling	Johanna	29	11	29	Karlsruhe
9980	"	Kling	Gisella	12	1	31	Karlsruhe
9981	"	Kling	Martha	14	4	33	Karlsruhe
✓ 9982	"	Reinhardt	Katharine	6	9	88	Gönnheim

Abb. 35/36: Eintrag ins Häftlingseingangsbuch vom 28. Januar 1944 für Zillis Mutter *Batschka* und ihre Tochter Gretel mit den Nummern 58 und 59

-644-

Beruf	Eingang ins Lager	Anschrift	Bemerkungen
Arbeiterin	28.1.44.		
"	"		Transp. 15.4.44.
"	"		Transp. 15.4.44.
"	"		Transp. 15.4.44.
Musikerin	"		
ohne	"		
ohne	"		
ohne	"		
Artistin	"		
Arbeiterin	"		
Arbeiterin	"		
ohne	"		
Arbeiterin	"		Transp. 15.4.44.
Arbeiterin	"		Transp. 15.4.44.
Arbeiterin	"		gest. 5.4.44.
Arbeiterin	"		
Arbeiterin	"		
ohne	"		
ohne	"		
ohne	"		Transp. 15.4.44.
ohne	"		
ohne	"		
ohne	"		
ohne	"		
ohne	"		
ohne	11.2.44.		Transp. 15.4.44.
ohne	"		Transp. 15.4.44.
ohne	"		
ohne	"		
ohne	"		
ohne	"		Transp. 24.5.44.

Abb. 37: Auschwitz-Birkenau, 1945: Blick auf das Eingangstor

Abb. 38: Auschwitz-Birkenau, 1943/44: Baracken des »Zigeunerfamilienlagers« im Abschnitt *B IIe* des Vernichtungslagers (hinter dem Zaun), aus einer Sammlung fotografischer Unterlagen der *Zentralbauleitung der Waffen-SS der Polizei Auschwitz O/S* [Oberschlesien]

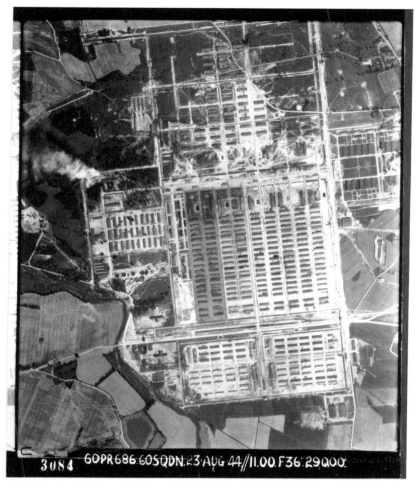

Abb. 39: Auschwitz-Birkenau, 23. August 1944: Aufnahme des Vernichtungslagers durch die Royal Air Force mit Hervorhebung des »Zigeunerfamilienlagers«. Links oben ist der Rauch der Leichenverbrennung im Freien zu erkennen.

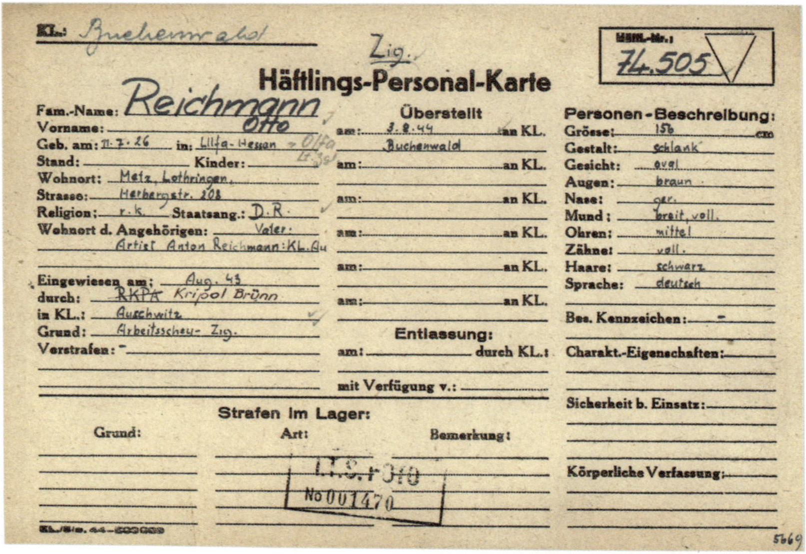

KL.: Buchenwald

Zig.

Häftlings-Personal-Karte

Fam.-Name: Reichmann
Vorname: Otto
Geb. am: 11.7.26 in: Lilfa-Hessen
Stand: Kinder:
Wohnort: Metz, Lothringen,
Strasse: Herbergstr. 208
Religion: r.k. Staatsang.: D.R.
Wohnort d. Angehörigen: Vater:
Artist Anton Reichmann: KL. Au
Eingewiesen am: Aug. 43
durch: RKPA Kripol Brünn
im KL.: Auschwitz
Grund: Arbeitsscheu- Zig.
Vorstrafen: -

Überstellt
am: 3.8.44 an KL.
Buchenwald
am: an KL.
am: an KL.
am: an KL.
am: an KL.
am: an KL.

Entlassung:
am: durch KL.:
mit Verfügung v.:

Häftl.-Nr.: 74.505

Personen-Beschreibung:
Grösse: 156 cm
Gestalt: schlank
Gesicht: oval
Augen: braun
Nase: ger.
Mund: breit, voll.
Ohren: mittel
Zähne: voll.
Haare: schwarz
Sprache: deutsch
Bes. Kennzeichen: -
Charakt.-Eigenschaften:
Sicherheit b. Einsatz:
Körperliche Verfassung:

Strafen im Lager:

Grund:	Art:	Bemerkung:

No 001470

KL/Sie. 44-500000

5669

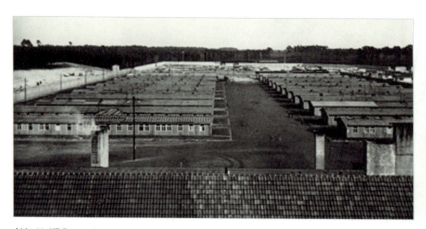

Abb. 40: Häftlingspersonalkarte des KZ Buchenwald für Zillis Bruder Hesso vom 3. August 1944, wohin er aus Auschwitz transportiert wurde; Haftgrund: »Arbeitsscheu-Zig[euner]«

Abb. 41: KZ Ravensbrück, um 1940: Zilli erreicht das Lager am 3. August 1944 und wird als »asoziale Zigeunerin« mit der Häftlingsnummer *48.160* registriert.

Abb. 42: Berlin-Marzahn, um 1936: Aufnahme des »Zigeunerlagers« für etwa 600 Menschen am Stadtrand. Anfang 1945 leben dort noch 55 Sinti, darunter Zillis Onkel Bawo, zu dem sie sich nach ihrer Flucht aus den *Arado*-Flugzeugwerken in Wittenberg begibt.

Abb. 43: Berlin, Anfang Juni 1945: das beschädigte Brandenburger Tor einen Monat nach Kriegsende, Aufnahme: Carl Weinrother. Zilli hat die deutsche Hauptstadt einige Wochen zuvor wegen der Bombenangriffe in Richtung Österreich verlassen.

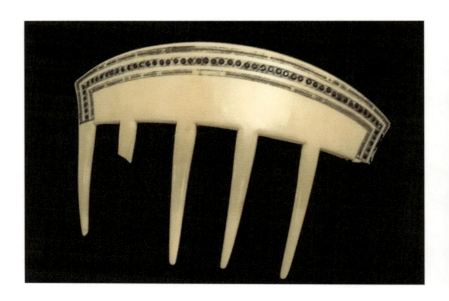

Abb. 44/45: Kamm der Mutter und Porzellanschale aus dem Wohnwagen der Familie Reichmann, der den Krieg unversehrt in Eger überstanden hat. Zilli kehrt dorthin im Frühjahr 1945 zurück.

Abb. 46: Blick in einen Wohnwagen, der dem der Familie Reichmann sehr ähnelt, 1950er Jahre; vorn die Küche, dahinter Wohnbereich und Schlafzimmer

Abb. 47: Zillis späterer Ehemann Toni Schmidt im Alter von etwa fünf Jahren mit einem Bekannten, um 1920

Abb. 48: Tonis »ungarische Schau- u. Attraktionskapelle ROMANO«. Toni war Zimbalist, an der Violine sein Bruder Itzi, 1950er Jahre

Abb. 49: Mannheim, 1950er Jahre: Toni (4.v.l.) mit Freunden. In der Siedlung an der Itzsteinstraße leben zu dieser Zeit zahlreiche Sintifamlien.

Abb. 50: Mannheim, 1950er Jahre: 1.v.l.: Bärbel, 2.v.l.: Zilli, in der Mitte oben: Pommeransch, daneben die Tante von Toni, im Zentrum des Bildes mit Baby: Forella, auf der Treppe davor: Zillis Cousine *Röschen* Strauß, ganz rechts eine Cousine von Toni. Die Frauen bereiten sich auf ein Fest vor, Zilli trägt unter dem Kopftuch Lockenwickler.

Abb. 51: München, Januar 1947: Foto des ältesten Bruders Stifto aus dessen »Antrag auf Ausstellung eines Ausweises für ehemalige KZ-Insassen und sonstige politische Gefangene und Verfolgte«

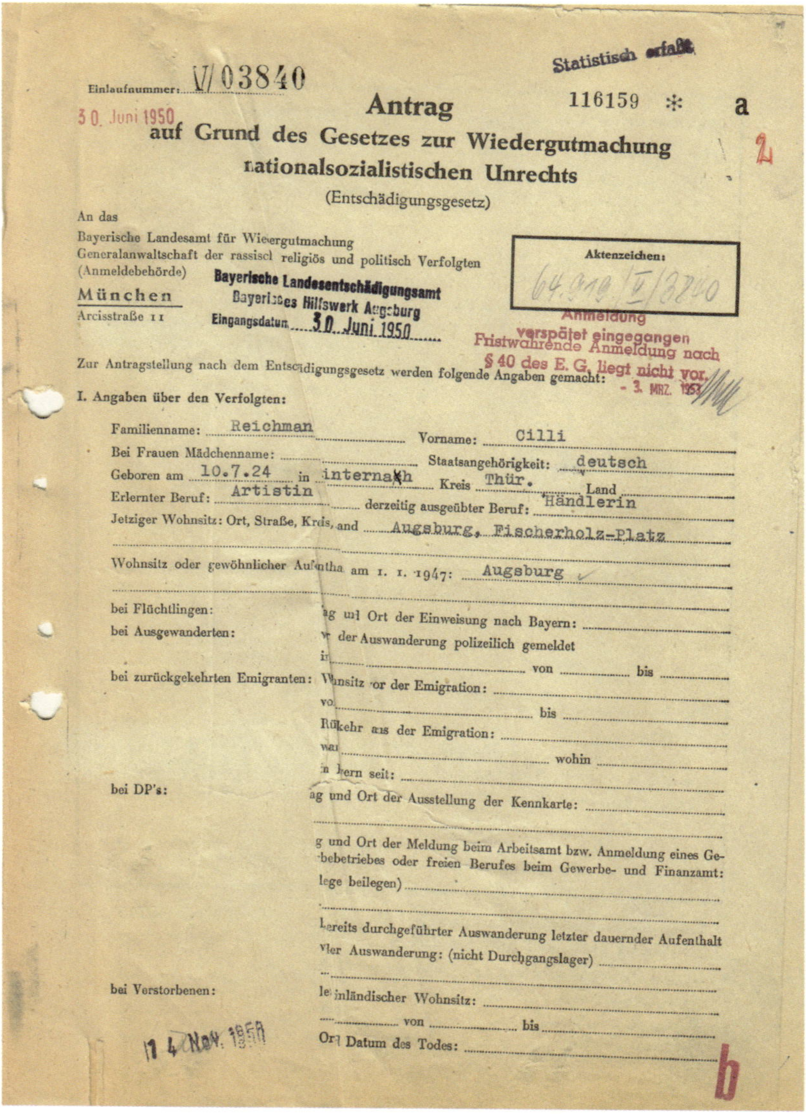

Statistisch erfaßt

Einlaufnummer: V/03840

30. Juni 1950

116159 * a

2

Antrag auf Grund des Gesetzes zur Wiedergutmachung nationalsozialistischen Unrechts

(Entschädigungsgesetz)

An das
Bayerische Landesamt für Wiedergutmachung
Generalanwaltschaft der rassisch religiös und politisch Verfolgten
(Anmeldebehörde)
München
Arcisstraße 11

Bayerische Landesentschädigungsamt
Bayerisches Hilfswerk Augsburg
Eingangsdatum 30. Juni 1950

Aktenzeichen: 64.919/V/3840

Anmeldung verspätet eingegangen
Fristwahrende Anmeldung nach § 40 des E. G. liegt nicht vor.
- 3. MRZ. 1953

Zur Antragstellung nach dem Entschädigungsgesetz werden folgende Angaben gemacht:

I. Angaben über den Verfolgten:

Familienname: Reichman Vorname: Cilli
Bei Frauen Mädchenname: .... Staatsangehörigkeit: deutsch
Geboren am 10.7.24 in internach Kreis Thür. Land ....
Erlernter Beruf: Artistin derzeitig ausgeübter Beruf: Händlerin
Jetziger Wohnsitz: Ort, Straße, Kreis, Land Augsburg, Fischerholz-Platz
Wohnsitz oder gewöhnlicher Aufenthalt am 1. 1. 1947: Augsburg

bei Flüchtlingen: ...g und Ort der Einweisung nach Bayern: ....
bei Ausgewanderten: ...r der Auswanderung polizeilich gemeldet i... von .... bis ....
bei zurückgekehrten Emigranten: Wohnsitz vor der Emigration: .... vo... bis ....
Rückkehr aus der Emigration: .... wa... wohin ....
...n ...ern seit: ....
bei DP's: ...ag und Ort der Ausstellung der Kennkarte: ....
...g und Ort der Meldung beim Arbeitsamt bzw. Anmeldung eines Ge...bebetriebes oder freien Berufes beim Gewerbe- und Finanzamt: ...lege beilegen) ....
...bereits durchgeführter Auswanderung letzter dauernder Aufenthalt ...der Auswanderung: (nicht Durchgangslager) ....
bei Verstorbenen: le... inländischer Wohnsitz: .... von .... bis ....
Ort Datum des Todes: ....

14. Nov. 1950

b

Abb. 52/53: München, 30. Juni 1950: die ersten zwei Seiten des »Antrages auf Grund des Gesetzes zur Wiedergutmachung nationalsozialistischen Unrechts«

Aufenthaltsnachweis (durch die Polizeibehörde bzw. IRO-Dienststellen auszufüllen):

a) Die Ortspolizei in .... bestätigt, daß
Name: .... geb. .... in ....
am 1. 1. 1947 seinen rechtmäßigen Wohnsitz oder gewöhnlichen Aufenthalt in .... hatte.

(Stempel)   Unterschrift

Das Einwohneramt
b) Die Ortspolizei in   Augsburg   bestätigt, daß
Name: Reichmann Gilli   geb. 10.7.1924   in Winternah/Thür.
seit 21.11.1947 in Augsburg amtl.gem. ansäßigst. (Derz. rechtmäßiger Wohnsitz)
gem. am 21.11.1947
Zugezogen von   Rosenheim
Kennkarten-Nr. B 487 95   ausgestellt von   Stad Regensburg
Flüchtlingspaß-Nr. ....   ausgestellt von   Städt. Einwohneramt Augsburg
                                                  Hauptmeldeamt

Augsburg, den 30 JUN 1950
(Stempel)   Unterschrift
           Verwaltungsinspektor

c) Die Lagerleitung des DP-Lagers in .... bestätigt, daß
Das IRO-Center Nr. .... in ....
Name: .... geb. .... in ....
am 1. 1. 1947 rechtmäßig seinen Aufenthalt im DP-Lager .... hatte.

(Stempel)   Unterschrift

d) Die Lagerleitung des DP-Lagers in .... bestätigt, daß
Name: .... geb. .... in ....
seit .... im DP-Lager ....
ansässig ist und die DP-Karte Nr. .... ausgestellt .... von ....
besitzt. Er kam vom DP-Lager .... am ....

(Stempel)   Unterschrift

Inhaber des landeseinheitlichen Ausweises: Ja — nein   Wenn ja: Nr. B 48795
Anerkannt bei Kz-Betr.-Stelle/BHW-Außenstelle in Nürnberg   Nr. ....
Mitglied der NSDAP oder einer ihrer Gliederungen: Ja/nein
Wenn ja, welcher: .... von .... bis ....
Rang: .... Mitgliedsnummer: ....
Spruchkammerbescheid: .... Kammer: .... Datum: ....
(Begl. Abschrift des Spruchkammerbescheides beilegen)

Abt.: IIa/4 Az.: -Gey.- Nr.: 1651/55

Bayerisches Landeskriminalamt

München 34, Postfach, den 2. Aug. 1955
Türkenstraße 4, Fernruf 273 51

An das
Bayer.Landesentschädigungsamt
- Sachgebiet II/6 -
M ü n c h e n 2
Arcisstr. 11

Betrifft: R e i c h m a n n Zilli, geb. 10.7.1924 in Hinternah;
wegen Wiedergutmachung

Bezug: Dort. Schrb.v. 3.5.55 Az.: 64919/V/3840 und
hies. Antwortschrb. v. 7.7.55 Ldfz.Nr.1426/55

Sachbearbeiter: Krim.Oberinsp. Geyer

    Im Nachtrage zum hiesigen Schreiben vom 7.7.1955 in der Wiedergutmachungsangelegenheit der R e i c h m a n n Zilli wird mitgeteilt, daß diese am 1.8.1955 auf der hiesigen Dienststelle erschien und von hier nochmals eingehend zu ihrer Inhaftierung gehört wurde.
    Die Reichmann gab dabei an, im Mai 1942 in Straßburg/Elsaß abends am dortigen Bahnhof von der Kriminalpolizei in dem Moment aufgegriffen worden zu sein, als sie im Begriffe gewesen sei ihren Vater in Metz zu besuchen. In ihrer Begleitung befand sich ihren Angaben nach die S t r a u s s Katharina, die in ihrer Wiedergutmachungsangelegenheit auch als Zeugin benannt ist. Diese führte falsche Personalien, weil sie damals polizeilich gesucht wurde. Die Polizei war deshalb auch der Annahme, daß die von ihr richtig angegebenen Personalien Reichmann falsch seien und inhaftierte sie deshalb. Nach einer dreimonatigen Haft (vermutlich zum Zwecke der Personenfeststellung) wurde sie dann per Schub über Karlsruhe, Mannheim, Frankfurt und einer Reihe weiterer Gefängnisse in denen sie jeweils kurzfristig festgehalten wurde, nach Reichenberg/ČSR. überstellt. Dort wiederum saß sie 3 Monate, bis etwa November 1942, ein und kam dann in das Zigeunerlager Letti bei Prag. Dieses war nach ihren Angaben mit Stacheldraht umgeben und wurde von tschechischer Gendarmerie bewacht. Die Bewohner dieses Lagers - auch die Antragstellerin - mußten ohne Unterschied des Alters und Geschlechts in einem nahegelegenen Steinbruch arbeiten. Von dort floh sie dann angeblich im Februar 1943 und wurde wenige Wochen später in Eger erneut aufgegriffen. Von der Polizei in Eger wurde sie dann in das Gefängnis Pankraz in Prag eingewiesen und kam von dort im März 1943 in das KZ-Lager Auschwitz-Birkenau.
    Weiter erklärte die Reichmann, bis zum Jahre 1941 in Eger mit ihren Eltern wohnhaft gewesen zu sein. Erkennungsdienstlich behandelt oder aufenthaltsverpflichtet wurde sie dort nicht. Da sie aber derartige Maßnahmen befürchteten, flohen ihre Eltern und sie nach dem Westen. Ihren Angaben nach hatte sowohl der Vate

./.

Abb. 54/55: München, 2. August 1955: Schreiben des Bayerischen Landeskriminalamts, in dem Zillis Verfolgungsschicksal in Frage gestellt und festgestellt wird, dass »rassische Gründe bei der Festnahme [...] bis zur Einweisung in das KZ-Lager Auschwitz im März 1943 kaum unterstellt werden« können in Metz, als auch die Mutter und sie selbst keine feste Wohnung und auch kein festes Arbeitsverhältnis. Die Eltern wurden nach ihren Aussagen später festgenommen und sollen im KZ-Lager verstorben sein.

Nach diesem Sachverhalt dürfte wohl einwandfrei feststehen, daß die Antragstellerin im Mai 1942 als Streunerin bzw. Arbeitsscheue und damit Asoziale, festgenommen und in Polizeihaft gebracht wurde. Die Überstellung nach Reichenberg dürfte wohl damit zusammenhängen, daß sie ursprünglich in Eger wohnhaft war und Reichenberg die für sie örtlich zuständige Polizeidienststelle war.

Rassische Gründe bei der Festnahme können von hier jedenfalls bis zur Einweisung in das KZ-Lager Auschwitz im März 1943 kaum unterstellt werden. In Anbetracht des damaligen Alters der Antragstellerin und des Zeitpunktes der Einweisung in das KZ-Auschwitz-Birkenau kann aber andererseits die Ansicht vertreten werden, daß wohl rassische Gründe für ihre Inhaftierung vom März 1943 ab vorgelegen haben dürften, da Andersrassige wohl auf andere Art und Weise in den Arbeitsprozess eingegliedert worden wären. Die Betroffene gibt zwar an Vollzigeunerin zu sein und dem Lallerie-Zigeunerstamm anzugehören, jedoch müssen diese Angaben insoweit bezweifelt werden, als bekanntlich nach dem Erlaß vom 29.1.1943 reinrassige Sinte- und Lallerie-Zigeuner von der Einweisung unter bestimmten Voraussetzungen ausgenommen waren. Da aber auch die Eltern der Reichmann eingewiesen wurden, scheint es sich bei ihnen doch um Mischlinge zu handeln.

Nach den Angaben der Reichmann soll bei ITS. in Arolsen ein Nachweis über ihre Inhaftierung nicht vorhanden sein, da sie von den russischen Truppen befreit wurde. Als Nachweis für ihre Inhaftierung zeigte sie die ihr am linken Unterarm eintätowierte Nr. Z 1959 vor. Im übrigen dürfte es sich empfehlen, die Gefängnisse in Karlsruhe, Mannheim und Frankfurt, in denen sie bei ihrer Überstellung nach Reichenberg jeweils kurzfristig untergebracht war, um Auskünfte aus den evtl. dort noch vorliegenden Haftbüchern jener Zeit, zum Nachweis der Richtigkeit der Angaben der Reichmann, zu ersuchen.

Sollte dort inzwischen ein Haftnachweis von ITS. angefordert und eingegangen sein, so darf um Übermittlung einer Fotokopie bzw. eines Auszuges aus demselben nochmals gebeten werden.

I.A.

(Eller)
Krim.-Amtmann

```
International Refugee Organization              Organisation Internationale pour les Réfugiés
    International Tracing Service                    Service International de Recherches
            Headquarters                                      Siège Central
          APO 171 US. Army
```

Certificate of Incarceration
Certificat d'Incarcération   № 13746
Inhaftierungsbescheinigung   CI - 12643

1. Reference your enquiry for certificate of incarceration for:
   Faisant suite à votre demande de certificat d'incarcération pour:

   Name <u>REICHMANN</u> ------ First names <u>Cilli</u> --------- Nationality <u>German</u> -------
   Nom   *Prénoms*   *Nationalité*

   Date of birth <u>10 July 1924</u> Place of birth <u>Hinternah</u> --- Prisoner's No. <u>Z 1959 in Auschw</u>
   Date de naissance   *Lieu de naissance*   *No. de prisonnier*

2. It is hereby certified that the   *Il est certifié par la présente que les*   Es wird hiermit bestätigt, daß fol-
   following information is available *informations suivantes se trouvent*   gende Angaben in der Dokumenta-
   in documentary evidence held by   *dans la documentation détenue par*   tion des Internationalen Suchdienstes
   the International Tracing Service. *le Service International de Recherches.* aufgeführt sind.

   Name <u>REICHMANN</u> ------ First names <u>Cilly</u>
   Nom   *Prénoms*

   Date of birth <u>10 July 1924</u> Place of birth <u>not given</u> --- Nationality <u>not given</u> ----
   Date de naissance   *Lieu de naissance*   *Nationalité*

   Last permanent residence: <u>not given</u> --
   Dernière adresse connue:

   has entered concentration camp <u>Ravensbrueck</u> ---------- Prisoner's No. <u>48160</u> ------
   est entré au camp de concentration   *No. de prisonnier*

   on <u>3 August 1944</u> -- coming from <u>not given</u> --------------------------------
   le   *venant de*

   Category, or reason given for incarceration: <u>"asoz.Zig."(Asozial, Zigeunerin)</u> -------
   Catégorie, ou raison donnée pour l'incarcération:

   Transferred <u>not given</u>
   Transféré   <u>According to her undermentioned "Haeftlingsrevierkarte" she</u>
   <u>was still there and was treated in the "Haeftlingskrankenbau" on</u>
   <u>15 August - (year not given)</u> --

   Liberated/Released on <u>not given</u> ---- in <u>not given</u> ---------------------------
   Libéré/Relâché le   *à*

   Remarks: <u>none</u> --
   Remarques:

   ----

3. References of documents: <u>"Haeftlingsrevierkarte" of the Ravensbrueck Concen-</u>
   Références des documents:
   <u>tration Camp documents.</u> -------------------------------------

   Arolsen, <u>9th October 1950</u>

                                                        for the Director of the International
                                                                   Tracing Service
                                                        *pour le Directeur du Service International
                                                                  de Recherches*

Abb. 56: »Inhaftierungsbescheinigung« des Internationalen Suchdienstes in Bad Arolsen vom 9. Oktober 1950, die Zilli für ihren Antrag auf »Wiedergutmachung« benötigt

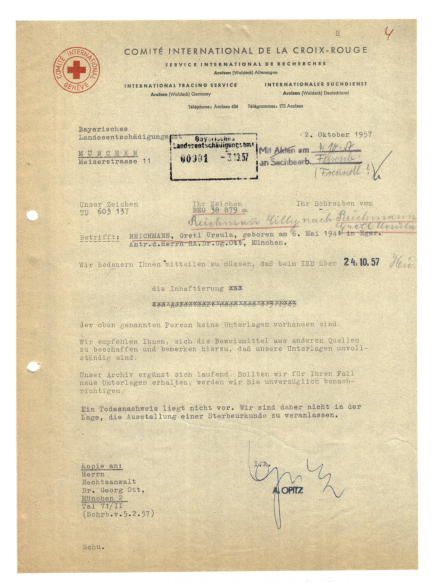

Abb. 57: Bad Arolsen, 2. Oktober 1957: Schreiben des Internationalen Suchdienstes, dass dort keinerlei Informationen zu Zillis Tochter Gretel vorliegen und keine »Sterbeurkunde« ausgestellt werden kann

Abb. 58: Mannheim, 1950er Jahre: Zilli in ihrem wertvollen Kaninchenpelz. Sie erinnert sich, dass sie den Mantel später – als sie Geld benötigte – an einen amerikanischen Soldaten verkaufte.

Abb. 59: Augsburg, frühe 1950er Jahre: Zilli mit ihrer Schwägerin Wirza, der Frau ihres Bruders Stifto, in deren Wohnwagen

Abb. 60: Toni mit Zillis geliebtem Hund *Schnoko*, 1950er Jahre

Abb. 61: Zilli mit den Nichten ihres Mannes Toni, Christel und Silva, Anfang der 1950er Jahre

Abb. 62: Zilli mit Freunden und Verwandten auf einem Campingplatz, 1950er Jahre

Abb. 63: Toni (links außen) und Zilli (Mitte, hinter dem Mädchen im weißen Kleid) mit Freunden vor einem Wohnwagen, Ende der 1960er Jahre

Abb. 64: Gruppe von Sinti mit Toni (rechts)

Abb. 65: »Oh ja! Ich habe gelebt! Aber wie! Frei! Ich habe Schnaps getrunken, gefeiert, bin mit meinen Freundinnen herumgezogen«, so Zilli in ihren Erinnerungen.

Abb. 66/67: Mannheim, 1970er Jahre: Rathaus, Planken und Hauptbahnhof.
In der württembergischen Stadt wohnt Zilli zwischen 1970 und 1993 sowie seit 2011.

Abb. 68: Mannheim, 1973: Zilli und Toni nach ihrer standesamtlichen Trauung

Abb. 69: Mannheim, 1970er Jahre: Zilli und Oberstaatsanwältin Barbara Just-Dahlmann (Mitte, 1922–2005), die Sinti hilft und die schleppende Verfolgung von NS-Verbrechern und milde Urteile scharf kritisiert

Abb. 70/71: Zilli auf einem Campingplatz mit Verwandten, 1970er Jahre

Abb. 72: Zilli und eine Freundin mit dem Weihnachtsmann, 1970er Jahre

Abb. 73: Mannheim, Mitte 1980er Jahre: Zilli mit ihrer Stiefschwiegertochter Renate, deren Sohn Unge (mit Federschmuck), Tochter Viola (im *Carmen*-Kostüm) und zwei Nachbarskindern. Die Kinder sind zu Karneval verkleidet.

Abb. 74: Mannheim, 1980er Jahre: Zillis Mann Toni an der Zimbal und sein Bruder Itzi an der Violine mit ihrer Kapelle

Abb. 75: Mühlheim an der Ruhr, 2000er Jahre: Familiengrab der Reichmanns

Abb. 76: Mannheim, 10. Juli 2018: Zilli mit Jana Mechelhoff-Herezi und Hamze Bytyçi beim lebensgeschichtlichen Interview

Abb. 77: Mannheim, 20. Dezember 2019: Zilli mit ihrer Auschwitznummer *Z-1959*

Abb. 78: Mannheim, 17. März 2019: Zilli mit dem Schild des Bündnisses für Solidarität mit den Sinti und Roma Europas *Every Day is Roma Day*

Abb. 79: Berlin, 2. August 2018: Zilli bei ihrer ersten öffentlichen Rede überhaupt während der Gedenkveranstaltung anlässlich des 74. Jahrestages der »Liquidation des Zigeunerfamilienlagers« in Auschwitz-Birkenau am Denkmal für die ermordeten Sinti und Roma Europas

Abb. 80: Berlin, 2. August 2018: Gedenkveranstaltung, v.l.n.r.: Petra Pau, Bundestagsvizepräsidentin, Zilli, Sawsan Chebli, Staatssekretärin für Bürgerschaftliches Engagement und Internationales in der Berliner Senatskanzlei, Jana Mechelhoff-Herezi, Dr. Ulrich Baumann

Abb. 81: Berlin, 2. August 2018: Zilli am Denkmal für die im Nationalsozialismus ermordeten Sinti und Roma Europas

Abb. 82: Berlin, 2. August 2018: Zilli am Brandenburger Tor

Abb. 83/84: Berlin, 4. April 2019: Zilli bei ihrem ersten öffentlichen Gespräch über ihr Leben in der Botschaft der Tschechischen Republik

Abb. 85–88: Standbilder aus dem Animationsfilm ... *die bringen nur die Verbrecher weg* über Zillis Leben (produziert im November 2019), der das Motiv »Ich habe geklaut wie ein Rabe« aufgreift

Stiftung
Denkmal für die
ermordeten Juden
Europas